Ernst Ferdinand Klein

Denkmal Herzogs Maximilian Julius Leopold von Braunschweig

Ernst Ferdinand Klein

Denkmal Herzogs Maximilian Julius Leopold von Braunschweig

ISBN/EAN: 9783743427174

Hergestellt in Europa, USA, Kanada, Australien, Japan

Cover: Foto ©ninafisch / pixelio.de

Weitere Bücher finden Sie auf **www.hansebooks.com**

DENKMAL
HERZOGS
MAXIMILIAN JULIUS LEOPOLD VON BRAUNSCHWEIG

Nebſt

NACHRICHT

von der zu

SEINEM ANDENKEN

für die

GARNISONSCHULE

zu Frankfurt an der Oder

von einer Geſellſchaft

VERANSTALTETEN STIFTUNG.

BERLIN,
gedruckt bei dem Königl. Hofbuchdrucker G. J. Decker.
1787.

Vorbericht.

Der frühzeitige Verlust eines Fürsten, wie Herzog MAXIMILIAN JULIUS LEOPOLD VON BRAUNSCHWEIG, der Seine ehrenvolle Laufbahn so rühmlich begonnen, und durch eine Menge der edelsten Züge Seine Zeitgenossen berechtigt hatte, des Guten und Wohlthätigen für die Menschheit noch viel von Ihm zu erwarten, würde immer einen tiefen Eindruck gemacht haben. Dieser Eindruck aber mußte desto tiefer und allgemeiner durch die Art Seines Verlustes werden, da Er (am 27sten April 1785) Seinen Tod in den überströmenden Fluten der Oder fand, aus welchen Er die hülflosen Einwohner der Dammvorstadt zu Frankfurt vor dem schrekkenvollsten Untergange retten wollte.

Die Herausgeber dieser Schrift glaubten bei einer Gelegenheit, wie diese, mit blosem Bedauren und Bewundern nicht genug gethan zu haben, und beschlossen, das Andenken dieses Edlen auf eine Art zu verewigen, wodurch zugleich etwas bleibendes Gutes für eben die gestiftet würde, die der Verlust des Herzogs am unmittelbarsten traf. Besonders zog ihre Aufmerksamkeit die Garnisonschule zu Frankfurt auf sich, die der edle LEOPOLD gestiftet, und deren wachsende Vollkom-

menheit eben fo fehr Seine Freude, als Sein Werk, gewefen war.
Je wichtiger Inftitute diefer Art für die Menfchheit find: defto
mehr wäre es zu bedauren gewefen, wenn diefe Schule, die zu
den beften unter ihres gleichen gezählt werden kann, mit ihrem
Stifter auch ihr Dafein, wenigftens ihren Flor, verloren hätte.
Dies zu verhüten, hatte zwar Herzog FRIEDRICH AU-
GUST von BRAUNSCHWEIG die Verlaffenfchaft Seines Bruders LEOPOLD dem Inftitute gefchenkt; und die
Kompanie-Chefs bei dem Regimente des Verewigten hatten fich
erklärt, dafs fie, wie vorher, ihre Beiträge zur Erhaltung und
Aufnahme des Inftitutes bereitwillig entrichten wollten. Aber
durch dies alles blieb die Schule höchftens in dem Zuftande,
worin fie fich bei dem Tode des Herzogs befand; und zu der
fchon von Ihm befchloffenen Anfetzung eines zweiten Lehrers,
der bei der grofsen Anzahl von Schulkindern unentbehrlich war,
fo wie zur Anfchaffung der nothwendigen Schulbücher und
Schreibematerialien, war gar keine Ausficht. Es fchien uns
daher ein würdiges Denkmal des Menfchenfreundes, und ganz
in Seinem Geifte zu fein, wenn, nebft der Feierlichkeit an
Seinem Sterbetage an eben dem Orte, wo Er Selbft fo gern
verweilte, zugleich das, was Er zur Verbefferung der Schule
Sich für eben das Jahr, da Ihn der Tod übereilte, vorgefetzt
hatte, nun durch den Beitritt anderer Menfchenfreunde vollendet
würde. So entftand der Entfchlufs zu der wohlthätigen Stiftung,
welche wir am 28ften Mai 1785 in der Ankündigung bekannt
machten, die unter den Urkunden I, S. 27 abgedruckt ift.

Dafs

Daſs wir uns nicht geirrt hatten, wenn wir eine allgemeine Theilnehmung an dem Schickſale des edelmüthigen LEOPOLDS bei dem Publikum erwarteten, davon zeugte der Eifer, womit man ſich nah und fern bemühte, Seinem Charakter Gerechtigkeit widerfahren zu laſſen, und Sein Andenken für die kommenden Geſchlechter zu erhalten. Auſser mehreren Gedichten erſchien eine Menge von Schriften, worin Sein Leben erzählt, und zum Muſter aufgeſtellt wurde; wovon Herr Prof. Hauſen einige geſammelt hat. Der Direktor unſrer Kunſt-Akademie Bernhard Rode verfertigte ein Gemälde, welches zu LEOPOLDS Andenken in der Freimaurerloge zu Frankfurt iſt aufgeſtellt worden. Daniel Chodowiecki ſtellte Ihn in einem Kupferſtiche vor, wie Er eben in den Nachen ſteigt, um Sich den Wellen anzuvertrauen. Die hieſigen Medailleure Loos und Abramſon prägten Schaumünzen, zu welchen Ramler die Ideen und Inſchriften gegeben hatte. Mehrere geſchickte Bildhauer lieferten Sein Bild in Gips, in Wachs, und andern Maſſen. Vorzüglich zeichnete ſich die Freimaurerloge zum aufrichtigen Herzen zu Frankfurt an der O. aus. Sie kündigte am 10ten Jul. 1785 die Veranſtaltung eines Monumentes an, welches dem Herzoge, ſo nahe als möglich an dem Orte, wo Er den Rettertod geſtorben, ſollte errichtet werden. B. Rode hat die Zeichnung dieſes Monumentes, und Ramler die Inſchriften dazu gemacht; und ſchon dieſes Frühjahr ſoll es aufgerichtet werden.

Diefer Eifer, dem liebenswürdigen Fürften einen Tribut der Hochachtung zu widmen, fchränkte fich nicht blofs auf unfere Gegenden und auf Länder ein, wo Er perfönlich gekannt worden war. Es ward zu Frankfurt am Main ein Preis für den Dichter und ein anderer für den Zeichner ausgefetzt, denen nach dem Urtheile der bewährteften Kenner ihr Verfuch, LEOPOLDS Andenken durch ihre Kunft zu verewigen, am beften gelingen würde. Einen ähnlichen Preis fetzte der Graf von Artois, Bruder des Königs von Frankreich, für die Dichter feiner Nation aus. Die regierende Fürftin von Leiningen beftimmte 600 Livres, fo wie zu unfrer wohlthätigen Stiftung, auch für die befte Lobrede auf LEOPOLD; und in London fah man bei der Gemäldeausftellung 1786 in der Königlichen Akademie, mit Bewunderung und Rührung, Seine letzten Augenblicke von einem meifterhaften Pinfel dargeftellt.

Auch wurden über die Verherrlichung Seines Todes die Lebenden nicht vergeffen, zu deren Rettung Er Sich in die Fluten gewagt hatte. Es kamen anfehnliche Summen zufammen, um die zu unterftützen, deren Wohnungen die überftrömende Oder in Trümmer, und deren Felder und Gärten fie in Wüfteneien und Sümpfe verwandelt hatte. Unfer Chodowiecki allein, der den Ertrag für den bereits erwähnten Kupferftich zu diefem wohlthätigen Zwecke beftimmt hatte, fchickte zur Vertheilung an die Unglücklichen in Frankfurt 1759 Rthlr. 22 Gr. ein, und aufserdem liefs er 211 Rthlr. 2 Gr. an diejenigen auszahlen, die zu Küftrin und Schwedt durch diefelbe Ueberfchwemfchwemmung gelitten hatten. Für die drei Schiffer, welche den Herzog bis in den Kahn begleitet hatten, fandte Herr Infpektor Dunker zu Königsberg (deffen anfehnlicher Beitrag zu unferm Unternehmen in der Lifte bemerkt ift) befonders dreifsig Rthlr.

Ungeachtet zu beforgen war, dafs durch dies mannigfaltige Streben, dem Andenken des Herzogs LEOPOLD Gerechtigkeit widerfahren zu laffen, die Aufmerkfamkeit des Publikums zu fehr getheilt werden möchte: fo haben wir doch die Freude genoffen, Unterftützung genug zu finden, um etwas Bleibendes und gewifs eben fo Nützliches zu gründen. Mit der wärmften Empfindung des Dankes erkennen wir die Bereitwilligkeit, womit eine fo beträchtliche Zahl von Guten und Edlen unfer Unternehmen unterftützt und beförrdert hat. Das Verzeichnifs ihrer Namen ift zu anfehnlich, als dafs es nicht auf immer ein rührendes Denkmal von der allgemeinen und lebendigen Verehrung LEOPOLDS bleiben follte. Gewifs werden auch in entfernten Zeiten die Lefer diefer Schrift, aufser den hohen Perfonen, die ihre eingefandten zum Theil fehr beträchtlichen Summen anzugeben unterfagt haben, folche Beiträge mit Vergnügen bemerken, wie die von der regierenden Fürftin von Leiningen; von Herrn Infpektor Dunker; von Herrn Zelter hiefelbft, der den Betrag für feine im Oktober v. J. aufgeführte Kantate zum Beften unferes Unternehmens beftimmt hat; u. f. w. Herr Hofbuchdrucker Decker hat fich, durch den unentgeldlichen Druck diefer Schrift, ein eben fo wefentliches als

rühm-

rühmliches Verdienst um die ganze Stiftung erworben. Herr Finanzrath Römer zu Braunschweig hat durch seine ausgebreitete Bekanntschaft und Korrespondenz eine ungemein grofse Anzahl Subskribenten gesammelt. — u. s. w.

Gern hätten wir diese ganze Schrift früher geliefert; aber eine Menge von Hindernissen machte es unmöglich. Da es uns überhaupt am Herzen lag, die Sammlung nicht zu schliefsen, so lange noch Beiträge zu hoffen waren, und auch von Zeit zu Zeit noch Gelder einliefen: so war schon dies ein Grund, nicht allzusehr mit dem Abdrucke zu eilen. So lange aber die Einsammlung nicht geschlossen war, konnten wir weder die Stiftungsurkunde entwerfen, noch die königliche Bestätigung derselben suchen. Und da auch dies geschehen war, trat eine neue Verzögerung ein, weil die Pressen des Herrn Hofbuchdruckers Decker, bei der erfolgten Regierungsveränderung, auf einige Monate zu sehr beschäftigt waren, als dafs sich Musse zu einer so starken Auflage einer an und für sich viele Mühe und Sorgfalt bei dem Drucke erfordernden Schrift gefunden hätte.

Der vielen Arbeit, die zur Anordnung des Ganzen erfordert worden ist, der sehr weitläuftigen Korrespondenz, der öftern Versammlungen der ganzen Gesellschaft, und der noch öftern Zusammenkünfte einzelner Glieder derselben, des nothwendigen Zirkulirens gefafster Beschlüsse unter den Mitgliedern, die in einer grofsen Stadt zerstreut wohnen, und andrer Schwierigkeiten, die man sich leicht vorstellen kann, — würden wir gar nicht erwähnen, wenn wir nicht glaubten, dafs auch diese Umstän-

Umſtände zur Entſchuldigung des langen Auffchubes beitragen müfsten. Vielleicht möchte auch manchen bei dem Namenverzeichniſſe eine andere Einrichtung zweckmäfsiger dünken; allein wir ſind überzeugt, daſs wir nach reiflicher Ueberlegung diejenige gewählt haben, wobei wir den meiſten Bedenklichkeiten auswichen, und keinen gerechten Vorwurf zu beſorgen haben. Da wir eher alles andere, als Verſchwendung des Eigenthums der armen Schulkinder, verantworten zu können glaubten: ſo haben wir vornehmlich darauf gedacht, ſo viel Raum als möglich zu erſparen. Daher kommen die Abkürzungen der Titulaturen, die Weglaſſung einzelner Groſchen des bemerkten Beitrages, der Münzſorten, des Agio u. ſ. w. Hätte die Weitläuftigkeit in dieſem allen von einigem Nutzen ſein können, ſo würden wir ſie nicht geſcheut haben; allein ſie konnte niemals dazu dienen, daſs die ganze Summe des eingekommenen Geldes aus den einzelnen Beiträgen hervorgegangen wäre; denn viele Kontribuenten (nemlich alle, die mit einem * bezeichnet ſind) wollten die Gröſse ihres Beitrages nicht angegeben wiſſen. Andere haben, vielleicht aus Miſsverſtand der Ankündigung, weniger als einen Thaler gegeben; von noch Andern kam eine ganze Summe in Golde ein, die ihre Beiträge einzeln in ihrer Landesmünze gegeben hatten. Dies alles bewog uns bei jeder Stadt die Summe der Beiträge zwar im Allgemeinen anzugeben; alles aber, wodurch dieſe Summe, wegen zu leichten Goldes, wegen Veränderung des Geldkurſes und dgl. einige Abänderung litt, in der am Ende des Namenverzeichniſſes

niſſes gelieferten Allgemeinen Berechnung zuſammen zu faſſen. Im Namenverzeichniſſe iſt, um eine allgemeine Regel zu befolgen, jeder Dukaten zu drei Thalern, und der Louis d'or zu 5 Rthlr. 6 Gr. aufgeführet worden; am Ende aber angegeben, was an der eingegangenen Summe, nach Maſsgabe des innern Werthes der Münzſorten und des eben gangbaren Kurſes, bei der Belegung theils gewonnen, theils verloren iſt. Ohne eine auſſerordentliche Weitläuftigkeit ließ ſich dieſe allgemeine Berechnung nicht, nach allen Theilen genau aufgeführt, dem Publikum vorlegen. Würde man es uns verziehen haben, wenn wir, mit Verſchwendung mehrerer Thaler, durch eine ängſtliche Umſtändlichkeit dargethan hätten, daſs wir bei Verwaltung der uns anvertrauten Summen bis zur gewiſſenhaften Erſparung und Nachweiſung einzelner Pfennige ſorgſam geweſen ſind? — Wer die Menge von Zufällen kennt, wodurch bei einer ſo vielfachen Korreſpondenz, bei einer ſo groſsen Anzahl von Namen, bei Unleſerlichkeit mancher Hände, bei dem Abſterben einiger Mitglieder der Geſellſchaft, bei der Leichtigkeit der Druckfehler, Trotz aller Sorgfalt der Korrektoren, doch Weglaſſungen und Unrichtigkeiten in dem Namenverzeichniſſe unterlaufen können; der wird hoffentlich auch dieſe entſchuldigen, wenn ſie ſich wider unſer Vermuthen finden ſollten.

Das ganze, wahrſcheinlich volle 6000 Rthlr. betragende, Kapital wird im Julius dieſes Jahres bei der Kurmärkiſchen Landſchaft unablöſslich zu 5 pro Cent untergebracht werden. Die von dieſen Zinſen zu machende Anwendung iſt in der Stiftungsurkunde,

kunde, welche der königl. Beſtätigung (Urkunde II) wörtlich einverleibt iſt, vollſtändig nachgewieſen worden. Das königliche Generalauditoriat und das Regiment von Beville (ſonſt des Herzogs LEOPOLD) werden zufolge der Urkunde III. auf die genaueſte Erfüllung der Stiftung halten; wie denn auch bereits am 27ſten April des vorigen Jahres das erſte Feſt gefeiert ward, wovon in der Berliniſchen Monatsſchrift (Jun. 1786 S. 573) ſowohl, als in den hieſigen Zeitungen, eine umſtändlichere Nachricht iſt gegeben worden.

Auch bei dieſer Gelegenheit zeigte ſich die Theilnehmung des Publikums an der Stiftung des edlen LEOPOLDS. Der Herr Generalmajor von Beville veranſtaltete alles, was die Geſellſchaft von Ihm gebeten hatte, mit ſo dankenswürdiger Bereitwilligkeit, daſs die Feierlichkeit ihrem Zwecke vollkommen entſprach. Der Herr Regimentsquartiermeiſter Dorthe übernahm mit der gröſseſten Sorgfalt die vielen Bemühungen, die mit der Anſchaffung der Kleidungsſtücke und der Beſorgung des Feſtes verbunden waren; und Herr Feldprediger Krüger leiſtete demſelben nicht nur dabei ſeinen Beiſtand, ſondern ſorgte auch durch ſeine dem Zwecke vollkommen angemeſſene Rede für die Erweckung und Rührung aller Anweſenden. Von Fremden liefen bei dieſer Gelegenheit folgende Geſchenke für die Garniſonſchule ein: 1) von Herrn Koppin, einem Berliniſchen Künſtler, ein in Wachs boſſirtes Bruſtbild des Herzogs LEOPOLD, welches im Schulhauſe aufgeſtellt wurde. 2) Von Herrn Löwe, Kupferſtecher in Königsberg in Pr. der Ertrag für einen auf Subſkription fkription verfertigten Kupferftich. 3) Von Herrn Melzer, Bildhauer in Berlin, ein aus Gips verfertigtes, auf einem Fufsgeftelle ruhendes, Bruftbild des Prinzen, das im Schulhaufe aufgeftellt wurde. 4) Von Herrn Mewes, Kupferftecher in Magdeburg, 120 Kupferftiche des Herzogs LEOPOLD und fämtlicher Prinzen und Prinzefsinnen des Königlichen Haufes, die theils den Schulkindern gefchenkt, theils im Schulhaufe aufbewahrt wurden. 5) Von Herrn Nicolai, Buchhändler in Berlin, 28 Rochowfche Schulbücher zur Vertheilung unter die Schulkinder. 6) Von Herrn Schomberg, Chirurgus in Memel, einige Kiften Konchylien und andere Naturalien.

Das am künftigen 27ften April zu veranftaltende Feft wird noch von unferer Gefellfchaft beforgt werden; und fodann wird, für alle künftige Zeiten, die jährliche Wiederholung deffelben, ohne unferen ferneren Beitritt, von dem Königl. Generalauditoriate und dem Regimente nach der Stiftungsurkunde ausgeführt werden.

Berlin, den 14. März 1787.

DENKSCHRIFT.

Oft bildete der grofse Geift fein Jahrhundert, öftrer noch das Publikum die Männer, die es in der Folge fich felbft zum Mufter der Nachahmung auffltellte. Will man die Denkungsart eines gewiffen Zeitalters richtig beurtheilen: fo beobachte man feine Lieblinge, und fehe auf den Eifer, mit welchem es feine Hochachtung gegen fie zu erkennen gegeben hat.

Was man alfo auch unferm Jahrhundert mit oder ohne Recht vorwerfen mag: fo wird es fich doch nur auf den Gegenftand diefer Schrift, und den Antheil, welchen unfer Publikum daran genommen hat, berufen dürfen, um fich gegen den Vorwurf zu rechtfertigen, als ob Spott, kleinliche Denkungsart, und kalte Grübelei alle herzerhebenden Gefühle erftickt; und die Kunft, angenehm zu fchwatzen, alle Fähigkeit, edel zu handeln, unterdrückt habe.

Zwar hatte der grofse Monarch, welcher Rufsland in Europa einen Namen, und diefem Reiche in der Wagfchale der Mächte Gewicht zu verfchaffen wufste, fchon zu Anfange deffelben Jahrhunderts feinen Tod befchleuniget, indem er bei Lachta fein Leben zur Rettung gemeiner Seeleute wagte. (*) Allein feine Zeitgenoffen, verblendet durch den Glanz feiner Triumphe und der durch ihn gegründeten Macht, bewunderten nur den Monarchen, der fich Feldherrn heranzog, indem er vom Throne auf die unterften Stufen des Kriegsdienftes herabftieg, und Flotten fchuf, indem er felbft auf dem Werfte das Beil zur Hand nahm. Aber dafs diefer grofse Kaifer in dem geringften Matrofen auch den Menfchen fchützte; das fchien ihnen eine von den Sonderbarkeiten zu fein, welche man ihm unter den

A 2 vielen

(*) Lachta ift ein nahe an St. Petersburg am Meerbufen gelegener Flecken. Die Gefchichte, von welcher hier die Rede ift, fteht in Stählins Original-Anekdoten von Peter dem Grofsen. Leipzig in 8. S. 333.

vielen übrigen verzeihen und vergessen müßte. — Ganz anders dachten sechzig Jahre später die Zeitgenossen LEOPOLDS, welche sich um die Wette beeiferten, das Andenken Seines menschenfreundlichen Todes durch Wohlthaten rührender und dauernder zu machen. Es sei nun, daß ein überall verbreiteter philosophischer Geist, das Zufällige von dem Wesentlichen mehr unterschieden, oder daß die Verbreitung der öffentlichen Blätter, welche anfangs nur zur Befriedigung der Neugierde dienten, durch schnelle Bekanntmachung auch der entferntesten Begebenheiten die Menschen den Menschen mehr genähert, und nach und nach ein stärker Interesse für alles, was dem Menschen wichtig ist, geweckt und allgemein gemacht habe: so hat sich doch endlich ein Publikum gebildet, welches die Sache, nicht einer Stadt, eines Reichs, einer Völkerschaft, sondern der gesammten Menschheit führt, und denjenigen Lorbeeren flicht, zu deren Belohnung die Reichthümer der blühendsten Staaten nicht zureichen würden.

Und so haben wir nun ein Todtengericht, nicht in irgend einem Winkel des Erdbodens, sondern verbreitet über dem bessern Theil Europens: unabhängig von der Macht derer, die nur über Leben und Gut gebieten können; zwar fürchterlich und verhaßt den Herrschsüchtigen; aber willkommen dem Menschenfreunde, der, wie FRIEDRICH WILHELM seinen Thron auf Liebe gründet, und Lorbeern nicht erschleichen, sondern verdienen will. Selbst der Ehrgeitz, welcher sonst auf dem Nacken der untertretnen Menschheit triumphirte, muß nun ihre Gegenwehr fürchten, und ihr freundlich die Hand bieten, wenn Ruhm seine Unternehmungen krönen soll. Auch die Selbstsucht, welche so gern den Namen der Weltkenntniß misbraucht, um unter diesem Titel Spöttereien gegen alles, was groß und edel ist, zu verbreiten, schweigt nun, überstimmt von der Menschenliebe, die den Rettertod LEOPOLDS durch ein jährliches Fest der Wohlthätigkeit zu feiern unternimmt. So gar die Nation, deren ausgebreiteter Ruhm sie so sehr in Gefahr setzt, fremde Verdienste zu verkennen, vergißt die Wunden, die FERDINAND ihr schlug, und ermuntert ihre Söhne durch Preise, den Ruhm seines Neffen der Nachwelt zu verkündigen.

Freilich

Freilich hat nicht leicht jemand die Kunſt, ſich allgemeine Liebe zu erwerben, beſſer verſtanden, als eben Er. Denn Seine menſchenfreundlichen Thaten waren keine Wirkungen einer rohen Gutherzigkeit. Ein durch Nachdenken geübter Verſtand leitete Seinen Eifer, und verfeinerte Gefühle bildeten Sein vortreffliches Herz.

Frühzeitig nährte und zierte Er Seinen Geiſt mit nützlichen und angenehmen Kenntniſſen; und gleich bekannt mit den Künſten des Krieges und des Friedens, ſuchte Er die letztern, begleitet von einem Leſſing, in ihrem zweiten Vaterlande auf; widmete aber bei Seiner Zurückkunft aus Italien, nach dem Beiſpiel der übrigen berühmten Glieder Seines Hauſes, Sich der Ausübung der erſtern mit einer Aufmerkſamkeit, welche Ihn in den Stand ſetzte, weiſe Vorſchläge zu Verbeſſerung des Kriegsweſens zu entwerfen. (*) Doch verderbte Er Seine Zeit nicht mit eiteln Entwürfen. Indem Er für den Unterhalt und die Erziehung der Soldatenkinder ſorgte, ſuchte Er junge Krieger zu bilden, die ein Vaterland hätten, welches ſie lieben und mit Luſt vertheidigen könnten. In dieſer Abſicht errichtete Er mit nicht geringen Koſten eine eigene Garniſonſchule für die Stadt Frankfurt, und ermunterte oft Lehrende und Lernende durch Seine Gegenwart und fürſtliche Freigebigkeit.

Da Er die Pflichten Seines Berufs zu gut kannte, als daſs Er hätte glauben ſollen, ihnen mit einer dieſen Stand entehrenden Rauhigkeit genügen zu können: ſo erwarb Er Sich bald die Liebe und Achtung des Ihm anvertrauten Regiments, welches gewohnt war, Helden wie SCHWERIN, mit ſeiner Fahne an der Spitze des Heers, den Sieg ertrotzen und mit eigenem Blute erkaufen zu ſehn. In einem Stande, wo die Strenge ſo oft Pflicht iſt, wird es nur gar zu leicht, den Menſchen über dem Soldaten zu vergeſſen; und nicht ſelten ſieht der letztere mit Verachtung auf den Bürger herab, zu deſſen Schutz ihn die Ehre berufen hatte. Nicht ſo

___
(*) Der Herzog arbeitete an einer Schrift, welche den Namen: Militäriſche Vorſchläge führen ſollte, und an deren Herausgabe Er durch den Tod verhindert wurde. S. Karl Renatus Hauſens Biographie Herzogs Maximilians Julius Leopold von Braunſchweig. Frankfurt an der Oder bei Strauß 1785. S. 49.

LEOPOLD, Frankfurts Schutzgeist. Bei jeder öffentlichen Noth war Er der erste, der zur Abwendung des drohenden Unglücks herbeieilte: nicht, um durch überhäufte Befehle, die eben so leicht gegeben, als schwer ausgeführet werden, den willigen Helfer abzuschrecken, und den herbeigenöthigten zu verwirren; sondern um Seinen weisen Anordnungen durch eigenes Beispiel Nachdruck zu geben. Wer hätte also nicht willig Arbeit und Gefahr mit einem geliebten Prinzen theilen sollen, der, wo ein Leben zu wagen war, das Seinige zuerst daran setzte? Bei einer solchen Thätigkeit musste es Ihm gelingen, überall den Fluthen oder Flammen, welche Frankfurt drohten, Gränzen zu setzen; und als endlich den 27. April des Jahres 1785 die Oder allen Seinen Anstalten trotzte, muste sie Ihn selbst zum Opfer hinnehmen.

Der Herzog, welcher Sich im Nothfall auf Seine Kunst zu schwimmen verlassen konnte, bestieg einen Kahn, damit Er zur Rettung der jenseits der Oder befindlichen Vorstädter die nöthigen Anstalten treffen könnte. Ob Er gleich der Gewalt des reissenden Stroms trotzen muste, so war doch die Gefahr nicht unüberwindlich; auch vernachläsigte Er nicht die nöthige Vorsicht, und Er war schon glücklich unter der einstürzenden Brücke hindurch geschifft, als der Nachen nicht weit vom gegenseitigen Ufer, an eine überschwemmte Weide stiess, umstürzte, und den Herzog auf einmal den sehnsuchtsvollen ängstlichen Blicken der Zuschauer entzog. Immer hoffte man noch, diesen angebeteten Prinzen von einem Tode zu retten, dem die Gefährten Seiner Unternehmung glücklich entkommen waren; aber ein plötzlicher Schlag, von welchem der durch die vorhergehende Bewegung erhitzte Herzog bei dem Sturz in die kalten Fluthen getroffen ward, vereitelte diese Hoffnung. „Auch ich bin ein Mensch wie ihr!" So hatte Er denen, die Ihn durch Bitten von Seinem Vorhaben abhalten wollten, nicht lange vorher zugerufen; und der Tod hatte nur allzu sehr geeilt, diesen menschenfreundlichen Ausspruch zu bestätigen.

So ging ein Leben verloren, welches gänzlich dem Wohl Anderer gewidmet gewesen. Jeder Seiner Tage war mit Wohlthaten bezeichnet, die Er mit reifer Ueberlegung vertheilt und durch vorsichtige Anstalten

doppelt

doppelt nützlich gemacht hatte. Es war Ihm nicht genug, der fürstlichen Pracht und Bequemlichkeit zum Besten der Armen zu entsagen. Er that mehr. Er widmete den Leidenden nicht nur das, was nur der Thor nicht zu entbehren weiß, sondern auch das kostbarste, was der Weise hat, Seine Zeit.

Was hatte die Welt nicht noch von einem Prinzen zu erwarten, der kein angelegeneres Geschäft kannte, als menschliches Elend zu mindern, und kein größeres Vergnügen, als das Wohl Anderer zu befördern? Wann der im Dienste des Vaterlandes oder seiner Mitbürger grau gewordene Vater den letzten Blick von den heranwachsenden Genossen seiner Dürftigkeit ab und gen Himmel kehrte; dann flehete er noch um langes Leben für diesen fürstlichen Pfleger aller Nothleidenden. Auf Ihn gründete die Jugend die Hoffnung eines glücklichen Alters, und der zitternde Greis betrachtete Ihn als die Stütze seiner Schwachheit. Welcher Verlust für das Regiment, das Er so muthig führte und so väterlich pflegte! für die Stadt, die Er so kräftig schützte! für die gesammte Menschheit, deren Wunden Er so liebreich zu heilen beflissen war.

Ich enthalte mich der Frage: warum der Fürst sinken und der Schiffer gerettet werden mußte? Denn LEOPOLD Selbst würde Sich entehrt glauben, wenn man die Hoheit der Geburt, so wichtig auch oft ihr Einfluß auf das gemeine Wohl ist, bei Schätzung Seines Werths in Anschlag bringen wollte. — Aber scheinen nicht die Thränen der wackern Krieger, die nun ihren Anführer; der niedergeschlagenen Bürger, welche in Ihm ihren Beschützer; und der Hülfsbedürftigen, die ihre vornehmste Stütze vermissen: scheinen nicht alle diese Wehklagen eben so viele Einwürfe gegen die Wirklichkeit einer über alles waltenden Vorsehung zu sein?

So thörigt aber auch der Eigendünkel sein mag, der sich erkühnt, den Regierungsplan des Unendlichen, wie die geringfügigen Entwürfe eines Sterblichen von eingeschränktem Gesichts- und Wirkungskreise, zu durchschauen: so nützlich ist doch die bescheidene Forschbegierde, die den guten Folgen der scheinbaren Uebel mit Aufmerksamkeit nachspürt. Richtet

tet fie dabei ihren Blick auf LEOPOLDEN felbſt, ſo zerreiſst auf einmal der Nebel, der die Wege der göttlichen Vorſchung in Dunkelheit hüllte. Wer kann ſich rühmen, länger gelebt zu haben, als Er, wenn man die Dauer des Lebens, nicht nach der Anzahl der verſchlafenen oder verträumten Stunden, der erlebten Aerndten, oder der bei einer gewiſſen Sonnenhöhe verzehrten Mahlzeiten, ſondern allein nach der Summe des bewirkten Guten, nach dem Umfange der erfüllten Pflichten, und nach dem Grade der erreichten Vollkommenheit abmiſst? Iſt dieſes Erdenleben Vorbereitung zu einem beſſern; ſollen hier gewiſſe Kräfte geübt und entwickelt; und ſollen wir ſtuffenweiſe einer höhern und reinern Glückſeligkeit empfänglich gemacht werden: o! ſo war LEOPOLD in Seinem drei- und dreiſsigſten Jahre ſchon alt an Vollkommenheit des Geiſtes, alt an Ausbildung des Herzens, ein ganz vollendeter Erdenbewohner. Er ſchied nicht aus der Welt, wie ein Neuling. Erzogen am Hofe und durch Reiſen gebildet, war Er mit allem, was die Welt groſs und ſchön nennt, in Zeiten bekannt geworden; und Er durfte alſo nicht lange warten, um zu erfahren: was der Schauplatz wirklich darſtellt, oder nur darzuſtellen ſcheint.

Aber ziehen wir den Blick von Ihm auf uns zurück: welcher Verluſt für uns, die wir nun den herzerhebenden Anblick Seiner Tugenden, Seine thätige Hülfe, Sein lehrreiches Beiſpiel entbehren müſſen! Welcher Verluſt für unſere Nachkommen, deren Stütze und Muſter Er geworden wäre! — Allein ſo groſs auch Sein Wirkungskreis war, und ſo ſehr derſelbe ſich noch erweitern konnte: ſo würde er doch nie ſo weit gereicht haben, als der Ruf von Seinem edlen Tode erſchollen iſt; und was die Menſchheit an Seiner Hülfe verliert, gewinnt ſie reichlich durch die erhöhte Wirkung Seines verewigten Beiſpiels. Mangelt hier die liebreiche Hand, die ſo manches Auge trocknete, ſo wird dort ein Mächtiger gerührt, welchen ſonſt ſtolze Menſchenverachtung verleitet haben würde, die Saat ſeiner ehrgeizigen Entwürfe mit den Thränen der Wittwen und Waiſen zu wäſſern. Bleibet hier ein Dürftiger in ſeiner armſeligen Hütte allen Ungemächlichkeiten der Witterung ausgeſetzt; ſo wird dort ein Herz erweicht und gereizt, der eindringenden Armuth zuvor zu kommen. Hier

bleibt

bleibt vielleicht eine körperliche Noth ungeftillt; aber dort verbreitet
fich zum Segen der gefammten Menfchheit eine Denkungsart, welche
die Vornehmen und Reichen durch ihre Bekanntfchaft mit erhabnern Vergnügungen glückfeliger, die Niedrigen und Dürftigen aber, durch das
Gefühl des innern, von äuffern Umftänden unabhängigen, Werths, mit
ihrem Schickfale zufriedner macht. Hätte Er länger gelebt, fo würden
Seine Tugenden zwar zum Beften Seiner Nebenmenfchen in der Stille ge-
wuchert haben; aber eben deswegen würden die rühmlichften Seiner Handlungen unbekannt geblieben oder vergeffen worden fein. Die Befcheiden-
heit, welche ihre Hülle um die am meiften vollendeten Tugenden wirft,
entzieht der Bewunderung des Publikums die lobenswürdigften Eigen-
fchaften: fie fichert fie eben dadurch gegen den Neid, der nur thätig
wird, um das herabzufetzen, was er felbft zu erreichen keine Mühe anwenden will; und gegen die zudringliche Verläumdung, welche immer
bereit ift, die befchämte Eigenliebe durch Zweifel an den bemerkten Vor-
zügen Anderer zu tröften. Zwar wird auch die Eiferfucht durch den Tod
ihres Gegenftandes nicht immer befänftiget; aber, überwältiget durch
das Mitleiden, welches fich aller Herzen bemächtiget, fcheut fie fich,
ihre Stimme laut zu erheben. Hat nun das Unglück den Mann, welchen
es betraf, aus der Menge der übrigen Menfchen einmal herausgehoben;
hat das Mitleiden das verwandte Gefühl der heroifchen Menfchenliebe
geweckt: fo verabfcheuen wir einen Jeden, der diefes felige Empfind-
nifs aus unferm Herzen reiffen will. Alle unfere Aufmerkfamkeit ift alsdann ganz auf den Gegenftand unfers Mitleidens geheftet, und unfre
Wißbegierde gefpannt, um mehr Umftände von dem Menfchen zu erfahren, der uns durch fein Unglück fo theuer geworden ift. Alsdann
bricht der Nothleidende, der nun feines Helfers beraubt ift, in laute
Klagen aus; und erzählt, uneingedenk des Stillfchweigens, das er ange-
lobt hatte, die empfangnen Wohlthaten.

Auch das Bekannte, welches einzeln genommen zu fchwach wirkte,
wird nun in ein Ganzes zufammen gefaßt, ftellt fich auf einmal vor unfere Seele, und erhält jetzt die Bewunderung, die es längft verdiente.
Alle Thaten des Mannes werden an einander gereihet, und fein ganzer
Cha-

Charakter erscheint in einem lichtvollen Zusammenhange. Ist nun der Mann, den sein edles Unternehmen und das damit verbundne Unglück auszeichnet, an sich schon merkwürdig; stammt er aus einem geliebten und berühmten Hause; befand er sich auf einer hohen Stufe des Ansehens, und wird die That, aus eben diesem Standorte betrachtet, noch bemerkenswerther: alsdann wird die Nachfrage nach seinem Charakter und übrigen Handlungen allgemein, und die Geschichte übernimmt die Sorge, das Andenken einer solchen Begebenheit zum Nutzen der Nachwelt zu verewigen. Einen solchen Vortheil gewähren die Handlungen der Privatpersonen selten.

Edle große Männer aus dem niedern Stande finden nicht immer einen Bürger (*), der ihre Thaten singt; und die Beerfelde (**) werden nur neben den LEOPOLDEN genannt. Auch hat es wenig auffallendes, wenn eine Privatperson der andern leistet, was ein Mensch dem andern schuldig ist. Aber, wann der Fürst in dem gemeinsten Manne seinen Nebenmenschen nicht verkennt, wann er seine Schuld nicht durch bloße Befehle abführt, oder durch Geld abkauft, wann er den Menschen über den Fürsten hervorragen läst, und sein Leben für Geringere wagt: — dann richtet alles seine Augen auf ihn; und kommen sie nafs von Thränen zurück, hat ein tragischer Ausgang der That das Siegel der Grofsmuth aufgedrückt: so gräbt die Wehmuth das Andenken des Menschenretters tief in Aller Herzen.

Was aber dergleichen edle Handlungen, wenn sie von Fürsten herrühren, noch nützlicher macht, ist, dafs die Triebfedern derselben bei ihnen leichter, als bei minder wichtigen Personen entwickelt werden können. Niemals kann eine solche That, einzeln betrachtet, nach Würden geschätzt werden. Es bleibt immer noch ungewifs, welche Bewegungsgründe den Schiffer Beerfelde angetrieben haben, einen Kahn zur Ret-

(*) S. das Lied vom braven Manne in Bürgers Gedichten. S. 230.

(**) So hiefs der Schiffer und Soldat, der sich bei dem Prinzen die Erlaubnifs ausbat, über die Oder fahren zu dürfen, und welcher nachher mit dem Herzoge den unglücklichen Kann bestieg.

Rettung der Unglücklichen zu besteigen. Da sein Lebenswandel unbekannt ist, so läst sich auch durch Vergleichung seiner übrigen Handlungen nichts mit Gewißheit entscheiden. Die Grofsen hingegen stehen immer auf dem Schauplatze, sie mögen sich an der Spitze ihrer Kriegsvölker oder in ihrem Schlafzimmer befinden. So wie ihr ungezwungenes Betragen zu erkennen giebt, daß sie überall zu Haufe sind: so bleiben sie auch in dem Innersten ihres Pallastes den Augen des Publikums blofs gestellt. Umsonst suchen sie die Triebfedern ihrer Handlungen zu verbergen. Wenn auch die Anekdotenfucht ihnen nicht überall nachspürte: so würde sich doch schon aus ihren öffentlichen Handlungen ihr Charakter entwickeln laffen. Eben so konnte auch der Charakter LEOPOLDS nicht unbekannt geblieben sein. Die von Ihm gestiftete Garnisonschule stand vor aller Augen; Sein Eifer überall zu helfen, wo zu helfen war, hatte sich in hundert und aber hundert Fällen offenbart; mehrmalen hatte Er schon bei Feuer- und Wassersgefahren weise Entschlossenheit und unbegränzte Menschenliebe zu erkennen gegeben. Die allgemeine Liebe Seines Regiments, der Stadt und Universität Frankfurt, und aller derer, welche das Glück gehabt haben, sich Ihm zu nähern, konnte kein Geheimnifs geblieben sein. Hätten aber auch diese allgemein bekannten Thatsachen noch einige Zweifel über die Lauterkeit der Absicht zurück lassen können; so wuste man doch schon genug, um die ausgefundene Spur weiter zu verfolgen. Man ist nun im Stande, die nähern Zeugen Seiner edlen Handlungen abzuhören; bei diesen kann man erfahren (*), dafs, so grofs auch das natürliche Wohlwollen des Prinzen gewesen, dennoch diejenigen Handlungen, welche am meisten als Aeusserungen Seines guten Herzens in die Augen fielen, in der That Früchte der bedächtlichsten Prüfung waren. Wir wissen nun, dafs Er nicht unter die Weichlinge gehörte, die sich mit einer unüberlegten Gabe, welche sie mit hinter sich gestreckter Hand dem Dürftigen mehr zuwerfen als darreichen, vom Anblick des Elends loskaufen wollen. Vielmehr suchte Er es selbst in seinen ekelhaften Wohnungen auf (**), floh

nicht

(*) S. des Herrn Inspect. Protzen Beitrag zur Charakteristik des H. L. v. Br. in der Berlinischen Monatsschrift. Jul. 1785. S. 2.

(**) Ebendaselbst S. 5.

nicht vor dem Wehklagen des Jammers; fondern unterrichtete Sich in eigner Perfon von dem Zuftande der Nothleidenden (*).

Bei dem allen rang Er fo wenig nach Lobe, dafs Er Sich auch da, wo Er fpöttelnden Tadel zu erwarten hatte, von der fchleunigen Leiftung der nöthigen Hülfe nicht abhalten liefs. Wo der Fürft den Menfchen gehindert haben würde, feine Pflicht zu thun, verläugnete Er willig den erftern, um den letztern in Thätigkeit zu fetzen. Er rufte felbft den Arzt zu einer armen Kranken (**), und ftieg vom Pferde, um einer dürftigen Alten, welche unter ihrer Laft verfank, wieder aufzuhelfen. (***)

Bei Ausübung der Pflichten, welche die Natur den Menfchen auflegt, liefs Er Sich durch die Vorurtheile des Standes und der Religion nicht einfchränken; und Er fcheute Sich daher auch nicht, den Mitgliedern einer berühmten aber überall unterdrückten Nation im Nothfall fo gar perfönliche Dienfte zu leiften. (****)

Ach der Mann, der feine bürgerlichen Verhältniffe nie aus den Augen verliert, und die Denkungsart feines Standes nie verläugnet, mag wohl zufehen: ob das, was er für kalte Ueberlegung, Weltkenntnifs, Würde, oder wohl gar für Seelengröfse hält, nicht eine verächtliche Schwäche fei, die
sich

(*) Als Er einft zwei arme Kinder, die durch Seine Fürfprache in das Waifenhaus zu Berlin aufgenommen worden, von Frankfurt dahin fchickte, ging Er des Morgens felbft zum Fuhrmann, der fie mitnehmen follte, und fah' nach, ob fie auch gegen die rauhe Witterung hinlänglich verwahrt wären. Weil Er nun glaubte, dafs fie noch beffer dagegen gefchützt werden müffen, hängte Er ihnen Seinen eigenen Ueberrock um, und ging im Regen nach Haufe. S. Haufenfche Sammlung der zu Ehren des Herzogs Leopolds zu Frankfurt herausgekommenen Schriften. S. 154.

(**) Berlinifche Monatsfchrift. Jul. 1785. S. 5. 6.

(***) Schattenrifs des Herzogs Leopold, von Herrn Pr. Fromm. Berlin 1785. S. 15.

(****) Ein Frankfurter Jude bedurfte Schutz für feinen Sohn in Kopenhagen. Der Herzog empfahl ihn. Weil aber der Jude wegen verfpäteter Zeit beforgte, man würde das Empfehlungsfchreiben auf der Poft nicht mehr annehmen: fo trug es der Herzog felbft dahin, um deffen baldigen Abgang zu bewirken. S. Zweite Zugabe des zweiten Jahrgangs zu der Hebräifchen Monatsfchrift der Sammler. Oktober 1785. S. 58.

fich nicht über die Vorurtheile des Standes erheben kann, und lieber Thorheiten begehen, als den Vorwurf der Thorheit ertragen will. Aber wenn auch der wahrhaftig grofse Mann finden follte, dafs er in einem oder dem andern Falle diefelben wohlthätigen Zwecke durch andere Mittel zu bewirken gewufst haben würde: fo hat doch jeder Karakter einen ihm eigenthümlichen Anftand; und was gegen die natürliche Zurükhaltung, den feierlichen Ernft oder die äufserliche Pracht des Einen zu ftark abftechen würde, ift ganz in dem Charakter der zuvorkommenden Güte des Andern. Vielmehr würde diefer feinen liebenswürdigen Karakter des vorzüglichften Reizes berauben, wenn er die Grazie der freundlichen Menfchenliebe in das fteife Gewand des Ceremoniels und eines angenommenen Ernftes hüllen wollte. Die gröfsten Geifter haben, nach dem Beifpiel eines FRIEDERICHS, am liebften in ihrer eigenthümlichen Hoheit geftralt. Sie haben immer den Prunk gehafst, welcher fie mit den kleinen Seelen, die ihn lieben, in eine Klaffe fetzt, und die Würde des Mannes durch den fürftlichen Aufzug verdeckt. Immer hatte ein ftilles Sansfouci oder Scharlottenburg für fie mehr Reiz, als das Hofgepränge der geräufchvollen Refidenz. Sie fürchteten nicht, die Achtung des Heers zu verlieren, wenn fie fchwarzes Brod mit dem gemeinften Krieger theilten. Sie glaubten nicht, fich geringfchätzig zu machen, wenn fie ihr Leben einer gleichen Gefahr mit dem Niedrigften im Heer ausfetzten. Sie bedurften keines prächtigen Gefolges, um dem Volke Ehrerbietung einzuflöffen, und keines fteifen Anftandes, um diejenigen, die fich ihnen naheten, in der tiefften Achtung zu erhalten. Eben fo bedurfte auch LEOPOLD, um Sich Ehrfurcht zu verfchaffen, keines Bedientenfchwarms und keiner fürftlichen Pracht. Er war als Menfch zu grofs, als dafs Er nöthig gehabt hätte, den Fürften geltend zu machen. Er fühlte den Adel der ächten Menfchenliebe zu ftark, als dafs Er beforgt hätte, durch ungezwungene Aeufferung derfelben Sein Anfehen in Gefahr zu fetzen. Denn Er wufste wohl, dafs es die Fähigkeit wohl zu thun ift, welche den Rang der Mächtigen und Reichen beftimmt, und das Gefühl ihrer eigenen Wichtigkeit rechtfertiget. Veredelt fich diefes Gefühl durch uneigennützige Menfchenliebe, welche nie für fich felbft, immer nur für andere forgt und wirkt: fo bildet fich eben dadurch jener hohe Muth, der jedem Zufall Trotz beut.

Selbst das Unglück kann den Menschenfreund nur betrüben, nicht demüthigen. Setzt es ihn aufser Stand, andern zu helfen, so entläfst es ihn auch seiner Pflicht; und entzieht es ihm irgend ein Mittel, sich zu vergnügen, so kann es ihm doch, so lange es noch fröhliche Menschen giebt, seine Freude über das Glück anderer nicht rauben. Welches Unglück konnte einen LEOPOLD niederschlagen, der mitten im Ueberflufs alles zu entbehren wufste? Was konnte es Ihm nehmen, defsen Er sich nicht schon zum Besten der Nothleidenden entäufsert hätte? Ein prächtiges Gefolge? — Er bediente sich deffen niemals. Bequemlichkeiten des Lebens? — Er war nicht gewohnt, sie zu geniefsen. Vergnügungen der Sinne? — Er hatte sie längst dem Vergnügen wohlzuthun aufgeopfert.

Dieser wahre Adel der Seele war den Handlungen LEOPOLDS so sichtbar eingeprägt, dafs Er bei aller Seiner Herablafsung der tiefsten Ehrfurcht genofs, und die Hochachtung selbst, aus Furcht Ihm zu misfallen, sich zu äufsern scheute. (*)

Allein so herzerhebend auch die Betrachtung Seines liebenswürdigen Charakters für alle diejenigen sein mufs, welche das Gefühl des Moralischschönen und Edlen noch nicht ganz verloren haben; und so grofs auch der Nutzen ist, welcher aus der Uebung dieses Gefühls entspringt: so würden wir doch den gröfsten Vortheil Seines erhabenen Beispiels entbehren müfsen, wenn wir nicht nachspüren wollten, wie ein so vortrefflicher Charakter sich habe bilden können, und durch welche Mittel es dem Prinzen gelungen war, in einem so frühen Alter die bedächtlichste Prüfung mit dem wärmsten Gefühl, und eine Bescheidenheit, die immer noch zu wenig gethan zu haben glaubte, (**) mit dem Bewufstsein solcher herrlichen Thaten zu verbinden.

Zwar

(*) Der Herr Professor Haufen hielt einst eine Vorlesung, welche die Prinzen des Braunschweigischen Haufes zum Gegenstande hatte. Weil aber der Herzog selbst gegenwärtig war, überging er Ihn mit Stillschweigen, und Dieser bezeigte ihm Sein Wohlgefallen darüber. S. Haufens Biographie des Herzogs. S. 53. 54.

(**) S. Frommischer Schattenrifs. S. 26.

Zwar ift es bekannt genug, welche geringe unbemerkbare Umflände den Charakter der Menfchen fchon in der erften Kindheit zu beftimmen pflegen, und wie leicht man hier in Entwickelung der Urfachen zu einfeitig werden, oder das Glänzende finnreicher Muthmaffungen der kleinlich fcheinenden Unterfuchung fchwer zu prüfender Thatfachen vorziehen könne. Am erften glücken jedoch dergleichen Verfuche, wenn der Charakter eines LEOPOLDS der Gegenftand davon ift. So wie wir mit der Luft, die uns überall umgiebt, am fpäteften bekannt worden find; fo ift es auch die Ausbildung der gemeinften Charaktere, deren Gefchichte fich am fchwerften entwickeln läfst. Dagegen bleibt Simplicität die unzertrennliche Begleiterinn alles deffen, was wahrhaftig grofs und edel ift. Grofse Charaktere werden durch wenig aber ftarke Triebfedern in Bewegung gefetzt. Hat man den grofsen Mann einmal mit der vollen Stärke feines Charakters handeln gefehen: fo kennt man ihn fchon genug, um zu wiffen, was man künftig von ihm zu erwarten habe. Daher das Zutrauen, welches er überall einflöfst. Entfernt von jener Gelenkigkeit, welche fich nach allen Umftänden bequemt und formt, bleibt der grofse Mann fich beftändig gleich. Daher ift die wahre Seelengröfse fo genau verbunden mit der Tugend, welche immer nach einerlei Grundfätzen handelt, und alles nach dem höchften Gefetz geifliger Vollkommenheit prüft und lenkt.

LEOPOLD, — aus dem edlen Stamme HEINRICHS DES LÖWEN, deffen Nachkommen fich von jeher durch Seelengröfse ausgezeichnet haben, — fand früh auf Seinem Wege die leuchtenden Beifpiele Seiner grofsen Oheime und Brüder, unter welchen die Namen der FRIEDRICHE, FERDINANDE, KARL WILHELME, und FRIEDRICH AUGUSTE glänzen.

Befonders genofs Er den Vortheil einer weifen Erziehung; und man könnte unter folchen Umftänden das Problem für aufgelöf't halten, wenn nicht eben diefem Vortheile fo grofse Gefahren zur Seite ftänden. So billig hat die Vorfehung alles auszugleichen gewufst! Den Niedrigen fpornt bei geringern Hülfsmitteln das gröfsere Bedürfnifs; indefs die vielen Kräfte, welche zum Beften eines Einzigen in Bewegung gefetzt werden, bei diefem eine ftolze

Träg-

Trägheit unterhalten. So kann felbſt die Sorgfalt der Erziehung ihre heilſame Wirkung verhindern! Ein Kind, zu deſſen Wohl ſo viele Männer von Geiſt und Herz alle ihre Kräfte anſtrengen müſsen, wird ſchwerlich dem Gedanken widerſtehn können, daſs die übrigen Menſchen nur zu Beförderung Seiner Zwecke beſtimmt ſind. Wächſt der Jüngling heran, und glaubt er etwa, von der Natur durch vorzügliche Gaben begünſtiget zu ſein: fo wird er ſich ſelbſt als ein Weſen höherer Gattung betrachten, welches zwar beſtimmt ſei, diejenigen glücklich zu machen, die zu Beförderung ſeiner Abſichten hülfreiche Hand leiſten; welches aber auch den, der ſich ſeinen vermeintlich höhern Abſichten in den Weg ſtellt, als ein vom Schickſal zum Unglück auserſehenes Geſchöpf mit Gleichgiltigkeit unter die Füſse treten dürfe.

Auch die erhabenſten Beiſpiele, welche allerdings mehr als bloſse Lehren wirken, verlieren oft ſelbſt durch den Glanz, der ſie umgiebt, ihre Kraft. Die dem Verdienſte gebührende Huldigung verfällt oft unvermerkt in den Ton der Schmeichelei; und die Bewunderung, mit welcher Groſse, die ihre Pflicht thun, angeſtaunt werden, veranlaſst nicht ſelten den Gedanken, als ob die Erfüllung ihrer Obliegenheiten einem Almoſen gliche, welches ſie nach Belieben austheilen, oder zurück halten dürften. Die Wahrheit ſelbſt darf, wenn ſie ſich den Göttern der Erde nähert, der Schmeichelei das Weihrauchfaſs nicht ſo gleich aus der Hand werfen; oft muſs ſie ſo gar ihre gerade freimüthige Sprache nach den Umſtänden abändern, und die wahre Aeuſserung der Hochachtung mit den übertriebenen Ausdrücken der Hofſprache vermiſchen. So ſcheint die Weisheit ſelbſt dem Eigendünkel Nahrung zu geben, indem ſie ſeiner ſchont. Unter ſolchen Umſtänden wird der junge Zögling entweder den Unterſchied zwiſchen der perſönlichen Werthſchätzung und der Achtung, welche Geburt, Stand und Amt, um der bürgerlichen Ordnung willen, erfordern, ganz verkennen: oder die Sprache verliert für ihn diejenige Beſtimmtheit, ohne welche es unmöglich iſt, die Begriffe ſelbſt richtig zu faſſen. Selbſt indem man ihn auf die Verdienſte der Geringern aufmerkſam macht, lernt er meiſtens nur, was der kluge, weiſe, tugendhafte Mann für ihn ſei oder werden könne. Dadurch entwöhnt er ſich noch nicht von der Selbſtſucht,

welche

welche fich zum Mittelpunkt der ganzen Schöpfung macht. Diefe Wirkung entfieht erft alsdann, wenn der Werth des Mannes ohne Rückficht auf Nutzen erwogen, wenn das Vergnügen an dem Abfolutguten und Schönen geweckt, und die Idee von dem Zufammenhange der eigenen Glückfeligkeit mit dem Wohl des Ganzen zur Grundlage des Charakters gemacht worden.

Heitere Gemüther find der Freude über das, was an fich gut und fchön ift, mehr als andere empfänglich. Denn diefe gewährt ihnen den unmittelbaren Genufs, den fie fuchen. Auch find fie geneigter, den Werth Anderer zu fühlen, als zu berechnen; die Vortreflichkeit des Mannes zu empfinden, als feine Nützlichkeit zu erforfchen. Sie lieben das Vergnügen in Andern, wie in fich felbft; und fcheuen alle Maafsregeln, welche die Anzahl der fröhlichen Gefichter vermindern könnten. Bald werden fie auch durch die Erfahrung belehrt, dafs, wer Freude gewinnen will, auch Freude mittheilen müffe, und dafs nichts in der Welt fich weniger erzwingen laffe, als Vergnügen. Daher werden bei einem folchen Charakter die gefelligen Neigungen über die ungefelligen leicht die Oberhand erhalten; und ein folcher Menfch wird bei einem mäfsigen Nachdenken bald finden, dafs nur derjenige Weg zur Glückfeligkeit führe, welcher die Wege der übrigen nicht durchkreuzt, dafs jede Kollifion mit dem Glück Anderer ihn, wo nicht aus feinem Wege heraus, doch zurück ftoffe, und dafs er die Summe feiner Vergnügungen in eben dem Maafse vermehre, in welchem er fich gewöhnt, das Glück Anderer zum Gegenftande feiner Wünfche zu machen. So wird er den quälenden Neid von fich entfernen, und fein Herz mit der feligften aller Empfindungen, mit dem Gefühl eines allgemeinen Wohlwollens, erfüllen. Und eben diefes felige Gefühl wird bei dem fröhlichen Mann alle unangenehme Ideen erfticken. Wenn fein Herz nur immerfort Gelegenheit findet, fich dem füfsen Mitgefühl fremden Glücks zu überlaffen: fo wird er fich, wegen mifslungener Unternehmungen, fehr bald durch das Bewufstfein feiner guten Abfichten tröften, und über neuen Wohlthaten die Umftände vergeffen, welche bei den alten die Erreichung des vorgefetzten Zwecks verhinderten.

C   Obgleich

Obgleich der Prinz, nach dem Zeugniſs Seines berühmten Lehrers (*),
von Natur heiter und fröhlich, und alſo auch wohlwollend gegen Andere
war; ſo läſst ſich doch aus dieſem Umſtande Sein menſchenfreundlicher
Charakter noch nicht hinlänglich erklären. Denn ganz einen andern
Grund hatte jene raſtloſe Thätigkeit, die immer noch viel zu wenig für
Andere gethan zu haben glaubte, und die ſtrenge Selbſtprüfung, welche
Ihn mit Ihm ſelbſt ſo unzufrieden machte.

Hierzu bedurfte es des Gefühls des Groſsen und Erhabenen, welches
ſich bei dem Prinzen, geweckt durch die ruhmwürdigen Thaten Seiner
Verwandten, ſo zeitig entwickelte. Er, der Spröſsling eines Geſchlechts,
deſſen Glieder ſich durch eigenthümlichen Werth auszeichneten, konnte
den Gedanken nicht ertragen, daſs Er allein nichts weiter als Prinz ſein
ſollte. Schon in Seiner früheſten Jugend ſchämte Er Sich der Ehre, welche Männer, ehrwürdig durch Alter und Verdienſt, dem fürſtlichen
Kinde erwieſen. Denn jedes unverdorbene Kind fühlt den Abſtand, der
ſich zwiſchen ihm und dem erwachſenen gebildeten Manne befindet. Sein
feines Gefühl des Schicklichen empört ſich gegen die tiefen Demüthigun-
gen, zu welchen oft Männer, die Ehrfurcht verdienen, ſich gegen daſſelbe
herablaſſen müſſen. — Wehe dem Knaben, der keinen Sinn dafür hat,
daſs dergleichen unverdiente Ehrenbezeugungen den, der ſie leiſtet, und
den, der ſie empfängt, auf gleiche Weiſe erniedrigen! Er lernt früh den
Ehrtrieb durch Spielwerke der Eitelkeit befriedigen, und verſäumt es,
ſich Verdienſte zu erwerben, deren Lohn er nie wird zu ſchätzen wiſſen,
weil er ihn ſchon als das Antheil ſeiner Geburt betrachtet. — Aber un-
verkennbar iſt der Keim des groſsen Mannes in dem jungen Prinzen, der
vor den Aeuſſerungen jener tiefen Unterwürfigkeit, wozu die Hofſitte
auch den ehrwürdigen Greis verpflichtet, ängſtlich zurück weicht, das
Uebergewicht des Verdienſtes über die Vorzüge des Standes empfindet,
und nur durch ſeine Beſcheidenheit zurück gehalten wird, den Mann zu
verachten, der, indem er ſich vor dem Kinde erniedriget, ſeine Würde
zu vergeſſen ſcheint.

So,

(*) Des Herrn Abt Jeruſalems, in der kurzen Lebensbeſchreibung des Herzogs.

So entstand auch bei LEOPOLDEN, deffen feines Gefühl des Schicklichen durch keine verkehrte Erziehung abgestumpft war, jener Ekel gegen alle Ehrenbezeugungen, welche nur dem Prinzen gelten konnten, (*) und die Ihn um so mehr demüthigten, da sie Ihm auch die Aeufferungen der innigen Verehrung, die Er so sehr verdiente, verdächtig machten. Nur diejenige Achtung, welche sich ganz und allein auf Seinen eigenthümlichen Werth beziehen konnte, erregte Sein Wohlgefallen.

Nachdem Er also Herz und Geist gebildet hatte, und es Ihm gelungen war, Seinen Seelenadel durch schöne Thaten zu bewähren, bemerkte Er nichts mit größerer Freude, als: wenn Männer von Einsicht, indem sie in Ihm den Menschen ehrten, den Fürsten zu vergessen schienen.

So vereinigte sich in Ihm liebreiche Geselligkeit mit dem edlen Stolze, nicht nur vornehmer, sondern auch besser zu sein als Andere. So gelang es Ihm, Würde mit Bescheidenheit, Gefühl Seiner Kräfte mit Hochachtung gegen die Verdienste Anderer zu verbinden!

Das Band, welches alle diese vortreflichen Eigenschaften bei Ihm zusammen hielt und befestigte, war eine aufgeklärte Religion: nicht jene menschenfeindliche, welche, mit dem Dichter zu reden, beide Hände Jupiters mit Blitzen waffnet, und ihm keine zum Segnen übrig läßt; sondern die sanftmüthige Leiterinn zur frohen Unsterblichkeit. Früh verband sie sich bei Ihm mit der freundlichen Menschenliebe, der fröhlichen Hofnung, und dem hohen Muthe. So wie die Lehren der Religion Ihm werth geworden waren, weil sie sich so fest an Seine Lieblingstugenden anschmiegten: so erhielten auch diese von jener einen neuen Reiz und eine unüberwindliche Festigkeit.

Seinem nach reichhaltigen und erhabnen Ideen emporstrebenden Geiste konnte nichts willkommener sein, als die Vorstellung eines Wesens, welches alles, was der menschliche Geist sich als edel, gut und vortreflich denken kann, in der vollkommensten Harmonie vereinigt. Je mehr der

Mensch

(*) Haufens Biographie S. 13.

Menfch diefem Ideale aller Vollkommenheiten nachdenkt: defto tiefer finkt die Meinung, die er von fich felbft hat, und deflo flammender wird fein Eifer, immer beffer zu werden. Deswegen arbeitete auch der Geift LEO-POLDS immerfort in der Nachahmung des Unerreichbaren, gleich entfernt von frömmelnder Kleinmüthigkeit und ftolzer Anmaaffung. Immer erfüllt mit der Vorftellung von der unermefslichen Größe und Güte des Weltregierers, verlohr Er Sich Selbft in dem Weltall. Welcher Seiner Vorzüge konnte nun noch in Betrachtung kommen! Was war Sein Anfehn, Sein Einfluſs, und Seine Größe, verglichen mit der Allmacht Gottes, und in Verbindung mit dem Ganzen, worinn auch der Größte nur ein fo unbedeutender Theil ift! Und Seine Geifteskräfte, Seine Kenntniffe, Seine Tugenden? Was waren fie in Vergleichung mit dem Wefen, welches Vergangenheit und Zukunft in einen Blick zufammen fafst, das Unermefsliche durchfchaut, die Wirkungen des Unzählbaren abmifst, und das Wirkliche bis an die äufferften Gränzen des Möglichen erftreckt! Mufste nicht der unendliche Unterfchied zwifchen Ihm und Gott, Ihn allen Unterfchied zwifchen Ihm und Seinen Nebenmenfchen vergeffen laffen? Und wie hätte Er auf die Gefchenke der Ihm immer gegenwärtigen Vorfehung ftolz fein können? Wie konnte Er glauben, vor Seiner Geburt die Vortheile derfelben verdient zu haben! Mufste Er nicht alle diefe Gaben des Allweifen als Vorfchüffe betrachten, die nur Seine Schuld, nicht Seine Verdienfte, nicht Seine Rechte, vermehren könnten?

Deswegen war Er weit entfernt, dem fchimärifchen Rechte des Stärkern Beifall zu geben. Zwar wufste Er fo gut, als irgend einer, dafs die Natur felbft ihre Kinder fehr ungleich ausgeftattet hat; aber Ihm war es auch nicht unbekannt, dafs diefer Unterfchied bei gebildeten Völkern fo grofs nicht ift, als der Eigendünkel der vornehmern oder gelehrtern Klaffe fich gern überreden möchte. Er gehörte nicht zu jenen ftolzen Unwiffenden, welche alles, was den Geift und das Herz des Menfchen über die Gefühle und Triebe der Thiere erhebt, nur fich und ihres gleichen zueignen, und grofsmüthig zu handeln glauben, wenn fie den gemeinen Mann auf die gröbern finnlichen Genüffe einfchränken. Er wufste, wie genau die edlern Gefühle und Neigungen fich an die gröbern anfchlieffen; und

und Er empfand Selbst die Würde der menschlichen Natur zu innig, als
dafs ein stolzer Wahn Ihn hätte hindern können, auch in den Niedrigen
starke Bedürfnisse des Geistes und des Herzens zu bemerken. Wo Er
aber auch eine beträchtliche Verschiedenheit der Menschen wahrnahm,
entdeckte Er doch auch zugleich, dafs sich dieser Unterschied weniger
auf Geburt und Stand, als auf Erziehung und Umgang gründe. Unbe-
greiflich war es Ihm also, wie man behaupten könne: dafs es Menschen
gäbe, die, ohne Rücksicht auf ihre besondere Fähigkeit und Empfindungs-
art, verbunden wären, sich mit geringern und niedrigern Genüssen zu be-
gnügen, und sich nur so viel Gutes zuzueignen, als gewisse andere Menschen zuträglich fänden, ihnen zu überlassen. Zwar mufste es Ihm ein-
leuchten, dafs der Unterschied der Kräfte auf die Erfüllung unsrer Pflichten Einflufs habe, und dafs man von dem Schwachen nicht so viel fordern
könne, als von dem Starken; von dem Armen nicht so viel, als von dem
Reichen; von dem Manne ohne Ansehn und Talente nicht so viel, als
von dem Mächtigen. Aber eben deswegen war Er auch fest überzeugt:
dafs Macht zwar die Pflichten gegen Andere erweitere, dafs aber die
gröfsere Kraft dem Mächtigen kein Recht auf die geringern Kräfte des
Schwächern ertheile; dafs der Mangel nicht bestimmt sei, den Ueberflufs
zu bereichern; und dafs der, dessen Kräfte für ihn selbst unzureichend
sind, nicht verpflichtet sein könne, sie zum Vortheil eines andern zu ver-
schwenden. Er glaubte zwar, dafs die Kraft des Mächtigern nicht unge-
nutzt bleiben dürfe; aber Er schlofs daraus, dafs dieser Ueberschufs zur
Vermehrung des allgemeinen Wohls angewendet werden müsse. Aus diesem Grunde hielt Er es für eine heilige Pflicht, immer nur zum Besten
Anderer wirksam zu sein. Alle Vorzüge, worauf ein Anderer stolz gewesen wäre, demüthigten Ihn, weil sie Ihn unaufhörlich an die Gröfse
Seiner Schuld erinnerten, die Er völlig abtragen zu können verzweifelte.
Selbst Seine Fortschritte im Guten betrachtete Er als neue Verpflichtun-
gen gegen Den, der alles wirkt.

So unterstützte bei Ihm die Religion die Gefühle Seines menschenfreundlichen Herzens; und eben deswegen war Ihm jede Anstalt erwünscht,
bei welcher eigenthümlicher Menschenwerth vorzüglich in Rechnung zu

kommen fchien. Ueberall fuchte und fand Er Gründe, in jedem Menfchen Seinen Bruder zu ehren; und was Ihm diefe Gründe gab, ward Ihm heilig. Unbekannt mit der ftolzen Unempfindlichkeit gegen die Laften, welche den Geringern drücken, wollte Er nie von einem Andern fordern, was Er Selbft zu übernehmen nicht bereit gewefen wäre. Mufste Er Seinen Untergebenen eine Befchwerlichkeit zumuthen, fo theilte Er fie mit ihnen, um fie und Sich von der Erträglichkeit derfelben zu überführen. (*) Eben diefe Denkungsart bewahrte Ihn vor jenem Neide, der jedes Vergnügen des Geringern als Eingriff in die Rechte des Vornehmern betrachtet. Vielmehr forgte Er Selbft mit menfchenfreundlichem Eifer dafür, dafs der Lehrer, welchen Er bei der von Ihm geftifteten Garnifonfchule angefetzt hatte, Gelegenheit haben möchte, nach vollendeter Arbeit einige Erholung zu genieflen. (**)

Diefelbe billige Denkungsart zeigte fich bei Ihm in der Unparteilichkeit, womit Er auch die Verdienfte der Geringern in Anfchlag brachte. Der fleifsige Mann, welcher die Kinder der gemeinen Soldaten zu guten und glücklichen Menfchen bildete, galt in Seinen Augen nicht weniger, als der betitelte Lehrer der hohen Schule. (***) Diefe billige Schätzung des Verdienftes, wodurch fich der Prinz fo befonders auszeichnete, und jene liebreiche Sorge für das Vergnügen derer, welche Er zu Werkzeugen Seiner Abfichten brauchte, find von wichtigern Folgen, als der Kurzfichtige glaubt, der nur belohnen oder ftrafen kann. An folchen Zügen erkennt man den grofsen Mann, der die Herzen zu lenken weifs, und die menfchenfreundliche Kunft verfteht, einem jeden feine Pflicht angenehm zu machen. Aber diefe einem edlen Herzen fo leichte Kunft flieht vor dem Eigendünkel derer, die grofs zu fein glauben, wenn fie alles ihren Abfichten aufopfern. Nur der wahren Menfchenliebe gelingt es, auch die nothwendigen Uebel zu mildern, und wo Andere Hafs ärndten, Liebe zu ge-

(*) Der Herzog ging einft Selbft fünf Meilen zu Fufs neben Seinem Regimente mit dem Gewehr auf der Schulter. S. den Frommifchen Schattenrifs, S. 28.

(**) Es liefs nemlich der Prinz für diefen Lehrer einen Küchengarten anlegen, und führte dabei den oben gedachten Grund an. S. Haufens Biographie, S. 42.

(***) Ebendafelbft, S. 40.

gewinnen. Denn fie vertaufcht nicht Dienft gegen Dienft, Liebe gegen Liebe. Sie giebt reichlich, wenn fie kann: und hält zurück, wenn fie mufs. Sie rechnet nicht mit uns: darum rechnen wir auch nicht mit ihr. Wir zählen nicht ihre Gaben: aber wir empfinden die Stärke ihrer Zuneigung. Ihre Wohlthätigkeit ift ein Metall, welches durch ihren Stempel feinen vorzüglichften Werth erhält. Das erzwungene Lächeln erfetzt nie den Mangel der wahren Bereitwilligkeit. Glatte Worte, die für Thaten gelten, rechtfertigen in den Augen des fchweigenden Betrogenen nicht den Weltmann, deffen vorgeblich feinere Menfchenkenntnifs nur Menfchenverachtung ift. Die wahre Menfchenliebe wuchert nicht mit ihren Wohlthaten. Sie folgt dem Drange ihres Herzens, ob fchon unter Leitung der Vernunft. Erhaben über die niedrigen Abfichten der kleinlichen Politik, die Ehre und Seelenruh gegen eitlen Prunk und glänzende Sklaverei vertaufcht, fo weit ihr Wirkungskreis reicht, fucht fie Menfchenglück zu gründen oder zu befeftigen. Stellt fich ihr der Unverftand entgegen: fo befteht fie muthig den Kampf, bei welchem nur fie allein nichts verlieren kann.

Glückliches Jahrhundert, worinn diejenigen, welche der Allgütige zu Werkzeugen Seiner Liebe gewählt hat, als Menfchen empfinden wollen, um zu wiffen, was Menfchen glücklich macht; in welchem die Mächtigen die Würde unferer gemeinfchaftlichen Natur fühlen, damit wir in ihnen die Gottheit ehren können, deren Liebe uns durch die ihrige erfreut! Bald werden fie vielleicht auch die Pedanterei der Hoffprache, welche Macht, Recht, und Schuldigkeit — Gnade nennt, nicht blofs lächerlich, fondern auch abfcheulich finden, und wo nicht von ihrem Hofe, doch aus dem Innerften ihres Pallaftes verbannen, damit nicht die Schmeichelei, um die Kinder der Väter unwürdig zu machen, fich unter der Larve der Höflichkeit einfchleichen möge.

Grofse! wenn Eurer Kinder Ehre Euch werth ift, wie die Eurige; o fo erzieht fie erft zu vorzüglichen Menfchen, ehe Ihr es unternehmt, Fürften aus Ihnen zu bilden! Die Zeiten find vorbei, wo die einfältige Heerde fchon den für einen guten Hirten hielt, welcher fie gegen den Wolf zu fchützen wufste, wenn er gleich felbft die Schaafe nach Wolfes Art be-

behandelte. Die Völker fordern nun von dem, der an ihre Spitze treten will, daſs er der Erſte, wie an Macht, alſo auch an Herz und Geiſte ſei. Der Prinz, welcher die Vortheile der Geburt und Macht zu hoch ſchätzt, wird es gewiſs vernachläſsigen, durch Ausbildung ſeiner Talente, auch als Menſch über Andre hervor zu ragen. Mislingt ihm dieſes, ſo iſt es um ſeinen Ruhm geſchehen. Doppelter Tadel trift die Fehler der Groſsen. Wie können ſie der Schande entgehen, wenn ſie dieſe Fehler nicht durch gröſsere Tugenden zu verdunkeln wiſſen! Der Beinamen des Groſsen läſst ſich nun nicht mehr durch fromme Vermächtniſſe, oder durch hin und her vertheilte Gnadengehalte erſchleichen. Nur innerhalb des Pallaſtes kann die Schmeichelei noch feſten Fuſs faſſen; wenn ſie aber, zu voll von dem Wahne, als ob Denkungsart und Ton des Hofes auch Denkungsart und Ton der ganzen Welt ſein müſste, an das freie Sonnenlicht hervortreten will: ſo wird ſie bald ihres Irrthums überfürt, und durch den Widerſpruch des Publikums in ihre enge Sphäre zurück gewieſen. Denn die wohlthätige und nur der Thorheit läſtige Publizität läſst ſich durch keine Gewalt mehr unterdrücken. Und geſetzt, es gelänge einem Fürſten, ſeine Unterthanen zu Sklaven herabzuwürdigen, und jedes edle Gefühl aus ihrer Bruſt zu vertilgen: ſo würde ja eine ſo tief herabgewürdigte Menſchenart wenig geſchickt ſein, den Ruhm ihres Deſpoten auszubreiten. Dagegen würde der edlere Ausländer die dem unterdrückten Volke angethane Schmach doppelt fühlen, und dem ſtolzen Tyrannen durch überall verbreitete Schriften ewige Schandſäulen ſetzen.

Was alſo auch die Groſsen thun mögen: ſo wird die Geſchichte ihre Thaten nicht verſchweigen. Sie hält die Geiſſel immer hoch, um den Eigendünkel, der ſich in ſeiner Albernheit weiſe dünkt, und die Bosheit, welche ſtolz die Rechte der Menſchheit unter die Füſse tritt, empfindlich zu züchtigen. Es wird aber auch die Liebe der Zeitgenoſſen nicht aufhören, den Menſchenfreunden Altäre zu bauen, damit die ſpäte Nachwelt noch Gelegenheit habe, ihren Weihrauch darauf zu opfern.

URKUN-

URKUNDEN.

D

Ankündigung

einer Subfkription zur Stiftung einer jährlichen Gedächtnifsfeier des Herzogs LEOPOLD von Braunfchweig.

Die edle, mit fo allgemeiner Rührung und Bewunderung gepriefene, That des Herzogs LEOPOLD von Braunfchweig hat einen gröfsern Endzweck erreicht, als den fie verfehlt hat. Der Prinz wollte das Leben einiger Unglücklichen retten; und Er hat in den Seelen vieler Taufende das feligfte und wohlthätigfte aller Gefühle erweckt: das Gefühl von dem Werthe, der Liebenswürdigkeit und der Erhabenheit ächter Menfchenliebe.

Unterzeichnete wünfchen — und welcher Edeldenkende wird es nicht mit ihnen wünfchen? — dafs die fo fchöne und grofse That des Herzogs noch der entfernteften Nachwelt, zu ihrer Rührung und ihrem Unterrichte, vor Augen fchwebe. Ein fchriftliches Denkmal, das den Charakter des Herzogs, aus den geprüfteften und bewährteften Nachrichten, in feiner ganzen Liebenswürdigkeit darftellte, wäre zu diefer Abficht ohne Zweifel das beffere Mittel; aber noch beffer und noch mehr in dem eignen Geifte Deffen, den man ehren wollte, wäre doch gewifs ein jährlich wiederkehrendes Feft öffentlicher Wohlthätigkeit.

Der verewigte Prinz entzog Seinem eignen Vergnügen fo gerne, unter andern Summen, auch die, womit Er die Garnifonfchule zu Frankfurt einrichtete und unterhielt. Diefe Einrichtung war von allen Seinen übrigen wohlthätigen Verfügungen die beträchtlichfte, und Ihm Selbft die liebfte. Unter den Unfchuldigen, zu deren gröserer künftigen Glückfeligkeit Er fo edelmüthig den Grund legte, befand Er Sich fo oft und fo gerne. Und wie alfo, wenn man jenes Feft der Wohlthätigkeit zur Erhaltung Seines Andenkens eben in diefer Schule veranftaltete? Da fie Ihm Selbft

Selbst in Seinem Leben so werth war: so muss sie nach Seinem Tode auch denen werth sein, die Ihn lieben und die Sein Andenken ehren möchten.

Die Idee der Unterzeichneten ist: durch Subskription eine Summe zusammenzubringen, von deren jährlichen Zinsen man den Kindern jener Schule aus dem Sterbetage ihres fürstlichen Wohlthäters einen jährlichen Feiertag machen könnte; einen Tag, der ihnen das ganze Jahr hindurch Ermunterung zum Fleiſs und zur Sittlichkeit wäre, an dem sie öffentlich gespeist, beschenkt, und, wenn die Zinsen der Summe dazu hinreichten, entweder alle oder doch die bedürftigsten und würdigsten unter ihnen, auch gekleidet würden. So ein Andenken wäre ganz von jener Pracht und jenem Glanze entfernt, auf welche der edle Herzog Selbst so gar keinen Werth setzte; es hätte ganz die Einfalt, die Bescheidenheit, die Wohlthätigkeit, die Seiner schönen Seele so eigen waren; es wäre unendlich mehr als eine Abbildung Seiner Gestalt in Marmor werth: denn es wäre die treue redende Abbildung Seines menschenliebenden Herzens. Und gewiſs! wenn Er Sich Selbst irgend ein Denkmal hätte errichten sollen, so wär es in keinem anderen Geschmack gewesen, als eben in diesem.

Darum dürfte denn doch jenes schriftliche Denkmal, das den Charakter des Herzogs nach seinen merkwürdigsten Zügen schilderte, nicht fehlen. Unterzeichnete verpflichten sich, so wohl für die Schrift selbst, als für den geschmackvollen, selbst prächtigen Druck derselben zu sorgen. Wenn sie Subskription darauf ankündigen, so ist das nur Behelf, um die Subskription zur Gründung und Einrichtung des oben vorgeschlagenen jährlichen Festes, das sogleich mit dem künftigen Jahre seinen Anfang nehmen müſste, zu eröfnen. Die Namen der Theilnehmer werden sie der Gedachtniſsschrift nachdrucken lassen; damit auch die Anzahl derer, welche von dem Tode des Herzogs innigst gerührt wurden, und das von Ihm angefangene Gute mit Freuden vollenden halfen, ein Monument für Ihn bei der Nachwelt werde. Der Preis, den die Unterzeichneten festsetzen, soll niedrig sein, um auch den Mindervermögenden an ihren Absichten Theil nehmen zu lassen; sie bestimmen daher mehr nicht, als einen Thaler, in der zuversichtlichen Hoffnung, daſs der Mehrvermögende, eben so wenig als sie selbst, sich an diese Summe binden, und daſs

Niemand

Niemand die Bogen der verfprochenen Gedächtnifsfchrift zählen werde. Jeder über das feftgefetzte Quantum von einem Thaler fich belaufende Beitrag, wird bei dem Namen des Gebers zugleich mit bemerkt werden, wofern es nicht ausdrücklich verbeten werden follte. Uebrigens haften die Unterzeichneten mit ihrer Ehre für die Aufmerkfamkeit, die fie anwenden wollen, dafs die gefammelten Gelder ficher untergebracht, und die Zinfen davon auf das uneigennützigfte und gewiffenhaftefte verwendet werden. Jeder von ihnen forgt für einige auswärtige Sammler, die er zugleich um Bekanntmachung des Plans in den öffentlichen Blättern ihrer Gegend erfucht; fobald die Sammler fich zu der Mühe, die man fie zu übernehmen bittet, bereitwillig erklären, wird man ihre Namen in Zeitungen und Journalen bekannt machen. Doch wird aufferdem jeder, der von felbft die Mühe des Sammelns zu übernehmen Gelegenheit und Luft hat, willkommen fein, und nachher mit unter den Beförderern der Unternehmung genannt werden. Auch wird man, wenn die Einfammlung gefchehen, und die ganze Einrichtung getroffen ift, dem Publikum öffentlichen gewiffenhaften Bericht erftatten. Für Berlin erbieten fich zu Sammlern und befonders zur Korrefpondenz mit den auswärtigen Sammlern diejenigen der Unterzeichneten, deren Namen mit einem Sternchen bemerkt find: und es würden fich mit Freuden alle dazu erbieten, wenn nicht fo manche von ihnen durch Gefchäfte daran gehindert würden. Mit Ausgang des Oktobers wird die Subfkription und Sammlung gefchloffen: und die auswärtigen Sammler werden erfucht, alsdann ihre Gelder an einen der hiefigen Sammler einzufenden, deren Namen hier mit einem Sternchen bezeichnet ift. Bloffe Subfkription ohne gleich baare Bezahlung wird nicht angenommen. Berlin, den 28 Mai. 1785.

Kammergerichtsrath von Benike.
* Bibliothekar Biefter.
Oberkonfiftorialrath Büfching.
* Chodowiecki.
Oberkonfiftorialrath Diterich.
Geheimerath Dohm.
Profeffor Engel.

* Prediger

* Prediger Gebhard.
* Oberkonsistorialrath Gedike.
Oberkonsistorialrath von Irwing.
Major von Irwing.
Assistenzrath Klein.
* Feldpropst Kletschke in Potsdam.
Major Marschall von Bieberstein.
Professor Meierotto.
Moses Mendelssohn.
Leibmedikus Möhsen.
Nicolai.
* Prediger Schmid.
Professor Selle.
Oberkonsistorialrath Spalding.
Geheimer Finanzrath Struensee.
Rektor Stuve in Neuruppin.
Geheimerath Svarez.
* Oberkonsistorialrath Teller.
Generalchirurgus Theden.
Geheimer Finanzrath Wlömer.
* Prediger Zöllner.

II.
Königliche Bestätigung
der Stiftungsurkunde.

Wir FRIEDRICH WILHELM von Gottes Gnaden, König von Preußen u. s. w. Thun kund und bekennen hiermit und in Kraft dieses öffentlichen Briefes, für Uns und Unsere Erben und nachkommende Könige von Preußen und Kurfürsten zu Brandenburg. Demnach Uns allerunterthänigst zu vernehmen gegeben worden, wasmaßen eine Gesellschaft von Gelehrten sich zusammen gethan, welche einen Fond von 5500 Rthlr. gesammlet, und solchen durch etwa noch hinzukommende Einnahme zu vermehren Hofnung habe, um daraus jährlich den Tod Unsers Herrn Vetters, des zu Frankfurt an der Oder unglücklich ertrunkenen Herzogs LEOPOLD von Braunschweig Durchl. und Liebden feiern, und zugleich die dasigen Soldatenkinder bekleiden, ihnen Schulbücher austheilen, und sie unterrichten lassen zu wollen; worüber sie denn eine Stiftungsurkunde unterm 15ten Julii 1786 ausgefertiget, mit angehängter Bitte, Wir möchten solche zu bestätigen geruhen;

Als haben Wir gedachte Stiftungsurkunde, welche von Wort zu Wort also lautet:

Nachdem das von einer Gesellschaft in Berlin durch die beigefügte Ankündigung (*) vom 28. Mai vorigen Jahres bekannt gemachte Vorhaben:

ver-

(*) Ist die Nr. 1. gedruckte Ankündigung einer Subskription u. s. w. S. 27. f.

vermittelſt Stiftung eines jährlich wiederkehrenden Feſtes öffentlicher Wohlthätigkeit das Andenken der erhabenen Menſchenliebe des Hochſeligen Prinzen LEOPOLD von Braunſchweig Durchlauchten, zur Beförderung dieſer Tugend, bei der Nachkommenſchaft immerwährend zu erhalten, ſolchen Beifall und Fortgang gehabt, daſs dieſe Stiftung nach dem Maaſſe des Fonds, welcher hiezu durch Subſkription auf das dem Hochſeligen Prinzen zu errichtende ſchriftliche Denkmal entſtanden iſt, zur Wirklichkeit gebracht werden kann; ſo wird dieſelbe, der Abſicht dererjenigen gemäſs, die mit ihren menſchenfreundlichen Beiträgen dazu beförderlich geweſen, und zur Erfüllung der Verbindlichkeit, welche die unternehmende Geſellſchaft gegen dieſelben in der vorgedachten öffentlichen Ankündigung eingegangen, folgendergeſtalt errichtet und gegründet.

1.

Der gegenwärtige Fond dieſer Stiftung beſteht in Fünftauſend und Fünfhundert Reichsthalern Preuſs. Silber-Kurrent, die Mark fein zu 14 Rthlr. ausgemünzt; und in ſo fern derſelbe durch etwa noch hinzukommende Beiträge und durch Erſparungen an der Summe, die zu dem Druck der gedachten Denkſchrift und andern nothwendigen Koſten hat zurückbehalten werden müſſen, ſich vergröſſern ſolte, wird ſolcher Betrag mit dazu geſchlagen und öffentlich bekannt gemacht werden. (*)

Dieſer Fond ſoll beſtändig zu Fünf oder ſo viel pro Cent Zinſen, als erhalten werden können, (**) mit Bezug auf gegenwärtiges Fundations-Inſtrument, als ein der Garniſonſchule zu Frankfurt an der Oder gewidmetes Gut, auf derſelben Namen ſicher belegt; und das Kapital auf keinen Fall und unter keinerlei Vorwand oder Veranlaſſung angegriffen und vermindert; die Zinſen aber, es ſei ganz oder zum Theil, niemals anders, als zu den in dieſem Stiftungsbriefe beſtimmten Zwecken und Ausgaben verwendet werden. Damit auch

2.

(*) Man ſehe die hinten ſtehende Berechnung.
(**) Man ſ. unter dieſen Urkunden No. IV.

2.

Durch öfteres Aufkündigen und anderes Unterbringen des oder der Kapitalien kein Zinsenstillstand oder gar Gefahr und Verlust am Fond sich ereigne; soll, so viel immer möglich sein wird, dahin gesehen werden, denselben bei einer solchen öffentlichen Anstalt, wo, menschlichen Ausfichten nach, weder der Sicherheit noch der pünktlichen Zinszahlung wegen, einige Besorgnifs Statt finden kann, auf immerwährend unablösliche Art zu befestigen.

3.

Diefer Fond und deffen stiftungsmäfsige Anwendung soll unter der gemeinschaftlichen Verwaltung, Direktion und Aufficht des Königlichen Preussischen Generalauditoriats und Kriegeskonsistoriums stehen; und die Obligationen über die Kapitalien diefes Fonds sollen in dem gewöhnlichen Depositorium des Königlichen Generalauditoriats beständig aufbewahret werden.

4.

Von den Zinfen oder Einkünften diefes Fonds foll jährlich in der Garnifonschule zu Frankfurt an der Oder — diesem mit wesentlich grossem Nutzen daurenden Monumente der Menschenliebe des hochfeligen Prinzen LEOPOLD —, und zwar jedesmal am 27ften April, als an dem Tage, an welchem Er, bei heroifcher Ausübung dieser Tugend, Sein in immer thätigem Wohlwollen für die Menschheit zugebrachtes Leben geendiget hat, zur lebhaften Erneuerung Seines Andenkens bei allen Einwohnern, und befonders bei den Kindern der Garnifonschule, folgende Feier begangen und ausgerichtet werden.

1) Versammlen sich an gemeldetem Tage, wenn aber derselbe ein Sonn- oder Festtag sein sollte, an dem nächstfolgenden Tage, des Morgens um 9 Uhr alle Soldatenkinder der Garnison, welche bis dahin die Garnisonschule befucht haben, und noch wirklich besuchen, fo reinlich, wie es ihre Umstände verstatten, angezogen, diejenigen unter ihnen aber, die aus den Stiftungseinkünften an solchem Tage gekleidet werden, in der ihren Eltern zu dem Ende vorher auszutheilenden neuen Kleidung,

dung, in dem Schulhaufe; werden aus demfelben von ihren Lehrern, paarweife, fo daſs die gedachtermaaſſen neugekleideten vorangehen, nach der zum gewöhnlichen Gottesdienſt der Garniſon beſtimmten Kirche geführet; und daſelbſt wird von dem Feldprediger des Regiments, wenn derſelbe es übernehmen will, im gegenſeitigen Fall aber von einem der Schullehrer, vor ihnen und denenjenigen von der Garniſon ſo wohl als aus der Stadt, die mit ihrer Gegenwart die Feierlichkeit dieſes Tages vermehren wollen, eine zur Verehrung der Tugenden des Stifters der Schule und zur Erweckung des Gefühls der Menſchenliebe abzweckende Rede gehalten.

Dafern es jedoch nicht angehen ſollte, dieſe Feierlichkeit, nach dem Wunſche der ſtiftenden Geſellſchaft und vieler Subſkribenten, in der Kirche zu begehen, ſo ſoll dieſelbe in dem Schulhauſe geſchehen.

2) Nach geendigter dieſer Handlung, und nachdem, wenn ſie in der Kirche geſchehen, die Schüler in gleicher Ordnung in das Schulhaus zurückgeführet worden; ſollen, weil ihre groſse auf mehrere Hundert gehende Anzahl nicht verſtattet, ihnen allen daſelbſt eine feſtliche Mahlzeit mit Anſtand und Bequemlichkeit zu geben, diejenigen, welche neue Kleidung erhalten haben, im Schulhauſe mit Milchreiſs, Braten, und Beiſätzen von gekochten Pflaumen oder anderem Obſt, Kuchen, Semmelbrot, und einem halben Maaſſe Bier auf jeden, alles reinlich, ſchmackhaft und genüglich zubereitet, geſpeiſet werden; der Feldprediger und die Lehrer der Schule aber werden dieſer Mahlzeit beizuwohnen und ſolche mit zu genieſſen ſich gefallen laſſen, damit die Kinder dabei Ordnung und Sittſamkeit beobachten. Alle übrigen Schulkinder ſollen, ſtatt der Mahlzeit und vor derſelben, jeder für einen Groſchen Kuchen und einen Groſchen Geld erhalten, und damit nach Hauſe entlaſſen werden.

3) An eben demſelben Tage ſollen zugleich für zehn Thaler nützliche Schulbücher, welche der Feldprediger und der Schullehrer zu wählen und anzuſchaffen haben, an ſolche Schulkinder, die nach dem Erachten der Schullehrer dergleichen bedürfen, oder ſich durch Fleiſs und gute Aufführung vor andern ausgezeichnet haben,

ver-

vertheilet werden. Auch foll jeder Schullehrer für feine Bemühung bei diefer Feier fünf Thaler bekommen.

§. 5.

Ferner werden von den Zinfen des Stiftungsfonds jährlich fechzig Thaler zur Anfetzung und Befoldung eines zweiten Lehrers bei der Frankfurtifchen Garnifonfchule gewidmet, damit die ftarke von einem einzigen fchwer zu überfehende Menge Schulkinder in Unterricht und Auflicht beffer berathen werde. Zum zweiten Lehrer foll der Regimentsküfter, wenn er in Abficht fo wohl feiner Fähigkeit als feines moralifchen Charakters tüchtig gefunden wird, vorzüglich, fonft aber ein anderer genommen, und diefer vom Feldprediger mit Beiftimmung des Regiments angefetzet werden. Sollte ein Regimentsküfter, welcher zugleich zweiter Schullehrer ift, dem Regiment im Kriege folgen müffen; fo foll, fo lange bis er mit dem Regiment in Frankfurt zurück gekehret fein wird, ftatt feiner, ein anderer Schullehrer vom Feldprediger, unter gleichmäffiger Beiftimmung des ausziehenden Regiments, beftellet werden. Nach der Rückkunft des Regimentsküfters aber, fliefst demfelben die hier dem zweiten Schullehrer ausgemachte Befoldung für feine zu übernehmende Schularbeit wieder zu. Ift hingegen beim Ausmarfch des Regiments nicht deffen Küfter, fondern ein anderer, der zweite Schullehrer; fo behält diefer auch, während der Abwefenheit des Regiments, die erwähnte Befoldung. Bei dem Ausmarfch des Regiments, wird auch der Feldprediger dafür zu forgen haben, dafs die Garnifonfchule nicht ohne Aufficht bleibe, und dafs folche, an feiner Statt, bis zur Zurückkunft des Regiments, mit deffen Zuftimmung, einem rechtfchaffenen Manne aus der Frankfurtifchen Geiftlichkeit übertragen werde; welchem auch die Vollmacht zu ertheilen ift, den immittelft abgehenden an die Stelle des Regimentsküfters angenommenen, durch einen andern tüchtigen Schullehrer zu erfetzen.

6.

Alles, was, nach Abzug der im 4ten und 5ten Artikel beftimmten jährlichen Ausgaben, von den Einkünften des Stiftungskapitals übrig bleibt, foll zur neuen Bekleikleidung so vieler Kinder der Garnisonschule, als es reicht, angewendet werden, und diese Wohlthat denenjenigen Kindern beiderlei Geschlechts in gleicher Anzahl, welche die ältesten an Jahren und zugleich am längsten in die Schule gegangen sind, zuflieſsen; wer aber von ihnen einmal eine neue Kleidung aus dem Stiftungsfond erhalten hat, von aller Theilnehmung daran, so lange noch Schulkinder von der Garnison übrig sind, die diese Wohlthat nicht genossen haben, für die folgenden Jahre ausgeschlossen sein.

7.

Die Kleidung eines Schulknaben soll in einem tuchenen Rock, Weste, und Beinkleidern, von gleicher Farbe und Unterfutter, wie das Regiment trägt, desgleichen in einem Hut, einem Paar weiſser wollener Strümpfe, einem Paar Schuhe, zwei Hemden, und einem Halstuche, alles von der Qualität, wie es die Gemeinen des Regiments haben; für die Mädchen aber in einem Kamisol und Rock von braunem leichten doch dauerhaften wollenem Zeuge, einer Schürze und Halstuch von guter weiſser Hausleinewand, einer Mütze von schwarzem wollenen Zeuge, einem Paar lederner Schuhe, einem Paar weiſser wollener Strümpfe, und zwei Hemden, bestehen.

8.

Das Bestellen und Verdingen der im 4ten, 6ten und 7ten Artikel bestimmten jährlichen Speisung, Austheilung und Kleidung, so wie die Sorge, daſs alles in der vorgeschriebenen Art und Tüchtigkeit geliefert, und überhaupt die ganze Gedächtniſsfeier jedesmal stiftungsmäſsig vollstrecket werde, soll dem Feldprediger und Regimentsquartiermeister, mit Zuziehung der Schullehrer, und unter der Oberaufsicht des jedesmaligen Chefs, oder in dessen Abwesenheit des jedesmaligen Commandeurs der Frankfurtischen Garnison, obliegen: und der Feldprediger mit dem Regimentsquartiermeister, soll binnen 14 Tagen nach jeder Gedächtniſsfeier die Anzeige davon mit der durch hinlängliche Beläge verificirten und von dem Chef oder Commandeur beglaubigten Kostenrechnung, an das Generalauditoriat und Kriegeskonsistorium fiſtorium einſenden, welches demnächſt die geſchehene Feierung des Gedächtnisſtages und die Zahl der bekleideten Garniſonſchüler durch eine kurze Einrückung in die Berliniſchen Zeitungen bekannt zu machen hat.

9.

Damit auch auf ſo viele als nur möglich die Wohlthat der Bekleidung jährlich erſtreckt werden möge, ſo muſs Bedacht genommen werden, ſo wol die dazu erforderlichen Zeuge im Ganzen auf den Meſſen, oder wo ſie ſonſt zu den niedrigſten Preiſen zu erhalten ſind, einzukaufen, als auch die Verfertigung der Kleidungsſtücke mit zuverläſſigen Arbeitern zum wohlfeilſten, jedesmal, oder auf mehrere Jahre, wenn hiedurch dieſe Abſicht beſſer bewirkt werden kann, zu verdingen. Die Kontrakte darüber, wovon beglaubte Abſchriften dem Generalauditoriat und dem Kriegskonſiſtorium einzuſenden ſind, ſollen der Feldprediger und Regimentsquartiermeiſter, unter Genehmigung des Chefs oder Commandeurs, ſchlieſſen; und dieſelben werden, mit dem Geiſte der Menſchenliebe des erhabenen Stifters der Garniſonſchule beſeelt, die gute Abſicht der gegenwärtigen Veranſtaltung in ſolchem Umfange, als es nur immer geſchehen kann, zu erreichen, ſich eifrig angelegen ſein laſſen.

10.

Wenn künftig, ſtatt des ehemaligen Prinz Leopoldiſchen jetzt von Bevilleſchen Regiments, ein anderes in Frankfurt zur Garniſon eingelegt werden, ſollte; ſo ſoll, weil die dortige Garniſonſchule von Frankfurt nicht verrückt wird, und deren Durchlauchtiger Urheber Sein durch ſo viele bewunderte Thaten des Wohlwollens für die Menſchheit ruhmvolles Leben daſelbſt beſchloſſen hat, die in den vorſtehenden Satzungen verordnete Gedächtniſsfeier und damit verbundene Wohlthätigkeit bei beſagter Schule und den ſolche beſuchenden Kindern der jedesmaligen andern beſtändigen Garniſon in Frankfurt, ſolche mag ſich wirklich in der Stadt befinden, oder zu Kriegszeiten abweſend ſein, verbleiben.

Würde aber dereinſt die Garniſon auch in Friedenszeiten gänzlich aus derſelben weggenommen werden; ſo ſollen, ſo, lange ſolche ohne Garniſon gelaſſen wird, die Einkünfte des im 1. Artikel beſtimmten Stiftungsfonds der dortigen Stadt- oder ſogenannten Oberſchule zu ihrer Verbeſſerung zuflieſſen, und erſt, wenn dieſe Stadt wieder Garniſon erhält, zu der Schule derſelben zurück kehren.

11.

Dieſe Stiftungsurkunde ſoll bei dem Generalauditoriat, eine beglaubte Abſchrift davon aber im Archiv der Frankfurtiſchen Garniſon, und noch eine andere bei der dortigen Garniſonſchule, auch bei jeder dieſer Stellen ein Exemplar der Gedenkſchrift, durch deren Mittel der Stiftungsfond aufgebracht worden, aufbewahret werden.

12.

Um dieſer Stiftung die zu ihrer Beſtändigkeit und immerwährenden ſichern Ausführung nöthige Sanktion einer verbindlichen Anſtalt für diejenigen zu verſchaffen, die ſolche in Ausübung zu bringen auserſehen ſind, wird die Eingangs gedachte Geſellſchaft Seine Königliche Majeſtät alleruntertbänigſt bitten, ſolche Sanktion durch Höchſtdero Landesherrliche Beſtätigung des vorſtehender maaſſen darüber verfaſsten Inſtruments allergnädigſt zu ertheilen.

Urkundlich haben dieſes Stiftungsinſtrument die hier anweſenden Glieder der gedachten unternehmenden Geſellſchaft eigenhändig unterſchrieben.

So geſchehen Berlin, den 15ten Julius 1786.

Bieſter.
Büſching.
D. Chodowiecki.
Diterich.
Engel.
Gebhard.
Gedike.

von Irving.
von Irving.
Klein.
Meierotto.
Möhsen.
Fr. Nicolai.
Schmid.
Selle.
Spalding.
Struensee.
Svarez.
Teller.
Theden.
Wlömer.
Zöllner. (*)

in Betracht der Rühmlichkeit dieses Unternehmens, und der dadurch beabsichtigten nutzbaren und heilsamen Vervollständigung der von Unsers Herrn Vetters, des Herzogen LEOPOLD von Braunschweig Durchl. und Liebden, in Frankfurt gestifteten Garnisonschule, in allen ihren Punkten und Klauseln allergnädigst genehmiget und bestätiget; Setzen, ordnen und wollen hiermit und in Kraft dieses: dafs solche Stiftung, nach Maasgabe der in obigem Instrumente enthaltenen Vorschriften, zur Ausübung gebracht, zu immerwährenden Zeiten fortgesetzt, und darüber genau und pünktlich gehalten werden soll. Wornach sich jedermänniglich, dem dieses vorkommt, oder sonst zu wissen nöthig ist, allergehorsamst zu achten hat.

Defs

(*) Von der unternehmenden Gesellschaft fehlen hier folgende: Herr von Benicke, abwesend, Regierungspräsident in Aurich; Herr von Dohm, abwesend, Geheimer Kreisdirektorialrath und Resident in Kolln; Herr Feldpropst Kletschke, abwesend, in Potsdam; Herr Major Marschall von Bieberstein, gestorben; Herr Moses Mendelssohn, gestorben, Herr Stuve, abwesend, Professor in Braunschweig.

Dels zu Urkund haben Wir gegenwärtige Beſtätigung Höchſteigenhändig unterſchrieben und mit Unſerm Königl. Inſiegel bedrucken laſſen. So geſchehen und gegeben zu Berlin, den 3. September 1786.

Friedrich Wilhelm.

Finkenſtein.   Herzberg.

Beſtätigung
der Stiftungsurkunde einer Geſellſchaft
von Gelehrten zum Andenken des
Hochſel. Herzogs LEOPOLD
von Braunſchweig Durchl. und zum
Beſten der Soldatenkinder zu Frankfurt an der Oder.

III.
Königlicher Befehl
zur Beobachtung der Fundation.

Seine Königliche Majeſtät von Preuſſen u. ſ. w. laſſen Dero General-Auditoriat (Dero Generalmajor von Beville) hierbei eine Abſchrift von der Stiftungsurkunde zufertigen, welche eine Geſellſchaft gelehrter und wohlmeinender Männer, zum Beſten der Frankfurter Garniſonſchule und zum immerwährenden Andenken des verſtorbenen Herzogs LEOPOLD von Braunſchweig, unter dem 15. Julius 1786. entworfen hat. Gleichwie nun Höchſtgedachte Se. Königl. Majeſtät dieſe Stiftungsurkunde bereits unter dem 3. Septembr. d. J. in allen ihren Punkten beſtätiget haben; ſo befehlen Höchſtdieſelben Dero Generalauditoriat hiermit in Gnaden, auf die beſtändige Beobachtung und Ausführung der in obgedachter Urkunde enthaltenen Fundationsgeſetze kräftigſt zu halten. Signatum Berlin, den 25. December 1786.

Friedrich Wilhelm.

E. F. von Herzberg.

An das General - Auditoriat.
  Imgleichen
An den Generalmajor von Beville
zu Frankfurt an der Oder.

IV.
Königliches Schreiben wegen Belegung des Stiftungskapitals.

Seiner Königlichen Majeſtät von Preuſſen u. ſ. w. iſt von einer Geſellſchaft gelehrter und wohlmeinender Männer die Anzeige geſchehen, daſs die auf ein dem verſtorbenen Herzog LEOPOLD von Braunſchweig zu errichtendes ſchriftliches Denkmahl angekündigte Subſkription einen ſo glücklichen Erfolg gehabt, daſs von den eingegangenen Summen, nach Abzug der Koſten, ein Kapital von 5500 bis 6000 Rthlr. zum Beſten der Garniſonſchule zu Frankfurt an der Oder auf Zinſen ausgethan werden könne. Da nun Se. Königl. Majeſtät die rühmliche Abſicht, welche obgedachte Geſellſchaft hierunter hegt, gern befördern wollen; ſo geſinnen Höchſtgedachte Se. Königl. Majeſtät an die Kurmärkiſche Landſchaft, die Summe von 5500 bis 6000 Rthlr. als ein Leopoldiſches Stiftungskapital, gegen Aufkündigung und Rückzahlung einer gleichen Summe an andre Gläubiger, anzunehmen, jährlich mit Fünf Prozent Zinſen zu verzinſen, und ſelbige, ſo lange als ſie auf ihren Kredit Kapitalien zinsbar haben wird, unablöſlich zu behalten. Signatum Berlin, den 25. Dezember 1786.

Friedrich Wilhelm.

E. F. von Herzberg.

An die Kurmärkiſche Landſchaft.

NAMENVERZEICHNISS.

Anmerkung.

1) Diejenigen, bei deren Namen keine Zahl ſtehr, haben unter 2 Rthlr. gegeben.
2) Diejenigen, bei deren Namen keine Zahl, aber das Zeichen * ſtehr, haben mehr gegeben, wollen aber dieſen höhern Beitrag nicht angezeigt wiſſen.
3) Bef. heiſſt Beförderer.

Namenverzeichnifs
derer, die zu dieser Stiftung beigetragen haben.

ALTENBURG. 2 Rthlr.
Herr Hofrath Brawe.
Herr Buchhalter Schubart.

ALTONA. 9 Rthlr.
Herr Konfist. Rath Ahlemann.
— Kammerherr von Döring.
— Geheimerath und Ober-Präsident von Gæhler Exc.
— Sekretär Kiß.
— von Walterstern.
Ein Hollstein. Kavalier. 4 Rthlr.

AMSTERDAM. 117 Rtl. 18 gr.
Herr A. B. Cohen. 2 Frdd'or.
— B. Cohen. 4 Frdd'or.
— Maj. v. Stamford in Loo.
— Kaufm. Streckeisen. 1 Frdd.
— — Ja. Zyrsema.
Ungenannte in Holland. 19 Rthl.
Noch 12 dergleichen. 60 Rthl.

ANSPACH. 3 Rthlr.
Herr Gen. Superintendent Junkheim. 3 Rthlr.

ASCHERSLEBEN. 14 Rtlr.
Herr Syndikus Boltmann.
— Major von Gorsch.
Der Magistrat. 10 Rthlr.
Herr Generalmajor von Rohr.
Ein Ungenannter.

AUGSPURG. 3 Rthlr.
Herr Bankier von Göritz.
— Kaufmann Manner.
— Kunstverleger Rugendas.

AURICH. 40 Rthlr.
Herr Landsch. Sekr. Backmeister.
— Präsid. v. Benicke. 3 Rthlr.
— Reg. Rath Bluhm. 2 Rthlr.
— Kriegsrath Boden. 2 Rthlr.
— Regier. Rath von Briesen.

— Präsident v. Colomb. 2 Rthl.
— Präsid. v. Derschau. 2 Rthl.
— Reg. Sekret. Detmers.
— Rathsherr von Ehe.
— Rittmeister Grube.
— Reg.R.Heßlingh.3Rtl.(Bef.)
— — — Homfeld.
— Rendant Ihering.
— Advokat. Fisci Ihering.
— Amtmann Ihering.
— Assistenzrath Kettler.
— Kommerc. Rath v. Nuyt.
— Just. Kommiss. de Portere.
Frau Administr. de Portere.
Herr Kriegsrath Rademacher.
— Regier. Rath Reimer.
— Direktor Russel. 2 Rthlr.
— Regier.Rath Schnedermann.
— Landphysikus Silmerling.
— Kr. Rath Thiemann. 2 Rthl.
— Landsch. Adm. v. Warsing.
— Kriminalrath von Wicht.
— Regierungsrath von Wicht.
— von Wicht.

BARTH in Pommern. 1 Rthlr.
Frau Rittmeisterin v. Sodenstern.

BAYREUTH. 32 Rthlr.
Die Freymäurer-Loge zur Sonne. 30 Rthlr.
Herr Hofkammer-Rath Boye.
— Reg. Rath Wieprecht.

BERLIN. 1129 Rthlr. 8 Gr.
I. K. H. Princ. FRIEDERIKE, Tocht. des KÖNIGS Maj.*
I. K. H. Princesse LOUISE, Tochter d. Pr. FERD. K.H.*
S. K. H. Prinz HEINRICH, Sohn des Pr. FERD.K.H.*
S. K. H. Prinz LUDEWIG, Sohn des Pr. FERD. K. H.*
S. K. H. Prinz AUGUST, Sohn des Pr. FERD.K.H.*

S. H. D. Herzog FRIEDRICH AUGUST von Braunschw.*
I. H. D. die Gemahlin des Herzog FRIEDRICH.*
Herr Kriminalrath Amelang.
— Kaufm. Anders. 10 Rthl.
— — Angeli.
— Geh. Sekret. Appelius.
— Hauptmann Arent.
— v. H.
Frau v. B. bei Berlin.
Herr Hauptmann v. Bardeleben.
— Obristlieut. von Bardeleben. 2 Rthlr.
— Hauptmann von Barfuss,
Frau Gräf. v. Haudissin. 2 Friedd.
Herr Geheimerath Beerbaum. 3 Rthlr.
— Gehelm. Sekret. Bertram.
— Bibliothekar Biester*
— Fähndr. v. Blankenburg.
— Hauptmann von Blok.
— — — Bock.
— — — Böhme.
— Geh. Sekret. Böhm.
— Kaufmann Böhme.
— D. Böhr.
— Hauptmann von Boumann.
— Freih. von Branconi.
— Doktor Brand. 3 Rthlr.
— Geh. Rath Brendel.
— Hofrath Brendel.
— Geh. Sek. Brömel *(Bef.)
— Ob. Konf. R. Büsching.*
— Legat. Rath Cäsar *(Bef.)
— Kaufm. Calliet. 2 Rthlr.
— Geh. Rath Cesar. 3 Rthlr.
— Chappuis.
— Prediger Chemlin.
— Dan. Chodowiecki. 3 Rthlr. (Bef.)
Demoiselle Chodowiecka.
Herr Präsident Freiherr von Clermont.
Herr

F 3

Herr C. B. Cohen. 3 Friedd.
— Generalmajor von Colong.
— Kön. Singer Concialini.
— G. Rath Cothenius. 5 Rthlr.
— Beo. Buchh. Cramer. 3 Rtl.
— Prediger Cremer.
— Berg-Kommiſſ. R. Danz.
— Hofbuchdr. Decker. 1 Frdd.
— Hofpoſtſekr. Deutſch.
— Ob. Konſiſt. R. Diterich *.
— Obriſter von Dittmar.
— Juſtiz-Kommiſſ. Dittmar.
— Profeſſor Dittmar.
— von Dollen auf klein Lukow in der Ukermark.
— Hauptmann Dröſe.
— Ebart. 1 Frdd.
— Prediger Büchler zu Schöneberg.
— Profeſſor Engel *
— David Ephraim.
— Kaufmann Fried. Wilhelm Eyſſenhardt.
Madame Eyſſenhardt, geborne Jordan.
Demoiſelle Eyſſenhardt.
Herr Adolph Eyſſenhardt.
— Auguſt Eyſſenhardt.
— Friedr. Eyſſenhardt.
— George Eyſſenhardt.
— Heinr. Eyſſenhardt.
— Karl Eyſſenhardt.
— Leopold Eyſſenhardt.
— Wilhelm Eyſſenhardt.
— Major von Fabian.
— Kammermuſikus Faſch.
— Kommercien-Rath Fauthel. 2 Rthlr.
— Kaufmann Fecht.
— Kriegszahlm. Feldmann.
Frau Kr. R. v. Fiſcher. 3 Rthlr.
Herr Kriegsrath Franke.
Die Freymaurer-Loge zu den drei Weltkugeln. 100 Rthlr.
Die Freim. L. Royale York de l'Amitié 25 Rthlr.
Herr Dav. Friedländer. 3 Rtl.
— Kammerger. Rath Frieſe *
Die beiden Demoiſelles Fünſtern.
Herr Kr. R. Gaffron. 3 Rthlr.
— Buchhändler de la Garde 3 Rthlr.
— Kaufmann Gardemine.
— Lieut. von Garten. * (Bef.)

Herr Kammer-Gerichts-Rath Gauſe. 1 Frdd.
— Prediger Gebhard. *
— Ob. Konſiſt. R. Gedike. *
Frau Ob. Konſiſt. R. Gedike.
Herr Hauptmann Geelhaar.
— Aſſiſt. R. Geiſeler. ½ Frdd.
— Kr. R. Geiſeler ½ Frdd.
— Gen. Münz-Direkt. Genz.
1 Frdd.
— Geh. Finanz- und Bergrath Gerhard. 2 Rthlr.
— Kanuuerg. Rath v. Gerlach. 3 Rthlr.
— Geh. Finantr. Graf v. Geſsler. 6 Rthlr. 6 Gr.
— Geh. Sekret. Gillet.
— Lieut. von der Golz.
— Prof. Grack. 3 Rthlr.
— Referend. Gräfe.
— Leopold Gregory *.
Demoiſ. Gregory.
Herr Prediger Gruſt.
— Schreibmeiſter Gruſt.
— Geh. R. und Dir. Grüninger. 6 Rthlr.
— Lieut. von Guionneau.
— Habermann, Journalbote.
— Aſſeſſor Hagen.
— Hawkins, aus Engl. 2 Rthr.
— Hofr. Dokt. Heim. 3 Rtlr.
— Hennings, Kön. Lieferant.
— Prediger Herbſt.
— Doktor Hermbſtädt.
— Lieut. von Herrn. * (Bef.)
— Pagenhofinciſter Hermes.
— Etats-Miniſter Graf von Herzberg Exc. 1 Frdd.
— Kaufm. D. Heſſe. 1 Frdd.
— P. Heſſe. 2 Rtlr.
— Hauptmann Hiccius.
— Buchhalter Hiller, Senior.
— Hiller, jun.
Demoiſelle Höfer. 3 Rthlr.
Herr Kanzler von Hoffmann. 1 Friedd.
— Freih. von Hohenhauſen. *
— Freih. v. Hollwede * (Bef.)
Fräulein von Hollwede.
Herr Hauptmann Hornbnſtel. 2 Rthlr.
Frau Eratim. v. d. Horſt Exc. *
Herr Paul Humbert. 2 Rthlr.

Herr Alexander von Humbold.
— Wilhelm von Humbold.
Frau Majorin von Humbold. *
Herr Kaufmann Inberg.
— Pred. Jobſt zu Weiſſenſee.
— Kaufmann Jouan.
— Elie Jouin, Pächter des Invaliden-Hauſes.
— Ob. Konſiſt. Rath v. Irwing. 1 Friedd.
—. Maj. v. Irwing. 5 Rthlr.
— Iſaak Dan. Itzig. 1 Frdd.
Das Gräfl. v. Kameteſche Haus. 3 Friedd.
Herr Kammerger. Dir. Keßler.
— Banko Direkt. Keßler.
— Aſſeſſor Klaproth.
— Pred. Klaproth zu Plauen.
— Referend. Klaproth.
— Kammerg. R. Klein. 3 Rthlr.
Frau K. R. Klein. 3 Rthlr.
Demoiſ. Julie Klein.
— Auguſte Klein.
— Charlotte Klein.
Herr Rittmeiſter von Kleiſt.
— von Klitzing, auf Dementhin in der Prignitz.
— Hauptmann Kluge.
— Profeſſor Knape. 2 Rthlr.
— Hauptmann Koppen.
— — von Koslowski.
— Krüger.
— Kaufmann Krückmann.
— Doktor Krünitz. 2 Rthlr.
— Kunth.
Madame Kunzen, geb. Schäfern.
Herr Kunzmann, Hofzahnarzt. 2 Rthlr.
— Inſp. Küſter * (Bef.)
— Prediger Küſter.
— Bankier v. d. Lahr. 3 Rthlr.
— Kr. R. Freyh. v. Lamotte.
Frau Geheimerlthin v. Lamotte.
Die Gr. L. L. 5 Frdd.
Herr Kaſſirer Lange.
— Kaufm. Charles Lautier.
— Hauptmann Lehmann.
—. Lieut. Lehmann * (Bef.)
— Gen. Acciſe-Inſp. Lehmann.
Frau Obriſtin von Lehwald.
Herr Graf v. Lepel, Geſandter in Stockholm.
— Schiffahrts-Rendant Leſſel.
— Direktor Levy.

Herr

Herr Salomon Levy.
— Moses Salomon Levy.
Salom. Mos. Levy Erben. 1 Frdd.
Herr Lieut. von Lichnowski.
— Hauptm. von Liebermann.
— Lieuten. von Liebermann.
— Nathan Liepmann. 1 Frdd.
— Hauptmann von Linden.
— Major von Lingen.
— Major von Lochau.
— Hauptmann von Löben.
— Joel Löwe. 3 Rthlr.
Mad. Losen, geb. Schäfern.
Herr Lüder.
— Prediger Lüdke.
— Kaufm. Markuse. 1 Frdd.
— Maj. Marschall v. Bieberstein.
  3 Rthlr.
— von M.
— Kaufm. Matthies. 2 Frdd.
— Kammerger. R. Mayer.
Frau Prof. Meckel. 3 Rthlr.
Herr v. Meklenburg aus Ziebühl.
— Graf von Medem, sen,
— J. W. Meil.
— Hauptmann v. Meyeringk.
— Kirch. R. Meierotto. 4 Rthl.
— von Minigerode.
— Leibarzt Möhsen. *
— Bergrath Mölter.
— Ob. Bergr. Mönnich. 3 Rtl.
— Moses Mendelssohn. *
— Kaufmann Müller.
— Kriegsrath Müller. 5 Rtl.
Madame Müller, Gouvernante
  bei der Prinz. Wilhelmine
  v. Preussen K. H. 1 Frdd.
Demoiselle Müller.
Herr Major von Müllern.
— J. N. 3 Rthlr.
— Oberkonsistorialrath Nagel.
— Kammerherr Graf v. Neale.
— Buchhändler Nicolai. *
— Direktor Nöldechen *
— Major von Normann.
— Geh. Legat. R. Oelrichs.
— Hofrath von Oesfeld.
— Oberkonsist. Rath Pajon.
— Lieut. von Pannewitz.
— Feldprediger Pappelbaum.
— Hauptmann von Pellet.
— Inspektor Petri.
— Generallieutenant v. Pfuhl
  Excellenz. 10 Rthlr.

Madame Pirl zu Globsow.
Herr Geh. Sekret Poll.
— Hauptmann von Ponikau.
Frau Generallieut. von Prittwitz
  Excellenz. 2 Frdd.
Herr Obrist von Prizelwitz.
— Hauptm. von Puttkammer.
— — — Quickmann.
— Lieut. von Rabenau I.
— Kriegsrath Randel.
— Kaufm. Ranspach 1 Frdd.
— Hofrath Retschel.
— Kammerh. Graf von Reuss.
  3 Rthlr.
— Geburtshelfer Ripke.
— Ritter.
— Karl von la Roche.
— Domherr von Rochow auf
  Rekahn. 1 Frdd.
— von Rochow *
— Direktor B. Rode.
— Lieut. von Rohr.
— Geh. Finanzrath Rose.
— Apotheker Rose.
— Chirurgus Rose.
— O. Bergr. Rosenstiel. *(Bes.)
— Professor Rouyer.
— Pred. Rudolph zu Rekahn.
Frau G. v. S. geb. v. M. 1 Frdd.
Herr Geh. Sekret. Sack.
— Geh. Kom. R. Salaman. 4 Fr.
— von Schele.
— Hauptm. von Schierstädt.
— — — Schmelinski.
— Prediger Schmid *
— Hofrath und Stadtrichter
  Schmidt. 2 Rthlr.
— Chirurgus Schmidt 2 Rthr.
— Geheime Kommerc. Rath
  Schmidts. 6 Rthlr.
— Geh. Sek. Schnackenburg.
  2 Rthlr.
— Baron von Schröder.
— BergkommissariusSchröder.
— Geheime Sekret. Schüler.
— Erasm. Graf v. Schulenburg-
  Kehnert Exc. 3 Rthlr.
— Kammersekretar Schulz.
— Geheime Sekretar Schulze.
— Lieut. Schweder * (Bes.)
— Kriegsrath von Segner.
— Professor Selle. 14 Rthlr.
— Amtm. Siebmann zu Berge
  in der Altmark.

Herr Kriegsrath Siebmann *
— Kaufmann Sieburg, jun. *
— Sneyd, Engl. Officier 2 Rtl.
— Obristlieut. von Sohr.
— Feldprediger Solbrig.
— Geheime Sekretar Soyaux.
— Ob. Konsist. R. Spalding. *
Frau Ob. Konsist. R. Spalding.
Herr Hofrath Spener.
— Buchhändl. Spener 3 Rtlr.
— Jägermeister Splitgerber. *
Kaufmann David Splittgerbers
  Erben. 2 Frdd.
Herr Hauptm. v. Steinwehr.
— Major v. Steinwehr.
— Doktor Stosch. 1 Frdd.
Frau Kommerc. Räthin Stropp
  zu Zechlin. *
Herr Geh. Fin. R. Struensee. *
— Geh. O. Just. R. Suarez *
— Hauptm. von Sydow.
— Ob. Konsist. R. Teller. *
— Gen. Chirurgus Theden. *
— Geheime Sekretar Thym.
  der Vater. 3 Rthlr.
— Geheime Sekretar Thym
  der Sohn.
— Thym, Gymnasiast.
— Professor Traue.
— Direkt. Treplin. 10 Rthlr.
— Obrist v. Troschke. 3 Rthl.
— Kaufmann Ulrici.
— Maj. von Unruhe.
Fräulein von Vieregk.
Herr Buchhändler Vieweg.
— Gen. Chir. Voitus. 4 Frdd.
— Geh. R. Wackenroder.
— Hauptmann von Walter.
— Graf Karl v. Wartensleben.
— Kaufm. Fried. Wegeli.
— — Wilh. Wegeli. 1 Frd.
— Hauptmann von Weisse.
— Major v. Weizmann.
— Hauptmann Wendt.
Frau Geh. R. Werkenthin.
Herr Kaufmann Westphal.
— Salz-Schiffarts-Dir. Wiesel
  der Vater. 1 Frdd.
— Dir. Wiesel der S. 1 Frdd.
— Hauptmann von Wiesinger.
— Hauptmann v. Wildschütz.
— Geh. Fin. R. Wloemer. *
— Maj. von Wolfrath.

Herr

Herr Major von Wülknitz *
— Mj. v. Wulffen.
— Lieut. von Wulffen.
— Präfident v. Wyckenlot.
— Graf von Z.   1 Frdd.
— Gymnafiaft von Zboinski.
— Zeltet. Mauermeift. 70 Rthlr.
— Maj. von Zenge.
— Hoftaatskaffirer Zengker.
— Hofkavalier v. Zeunert.
— Pred. Ziefemer.   2 Rthlr.
— General von der Kavallerie
    von Zieten Exc.   1 Frdd.
— Major von Zitzewitz.
— Prediger Zöllner. *
— Hofrath Zückert. *
— Hauptmann von Zfüschen.
— Kanzleidir. Zurwohnung.
t Ungenannter.   20 Rthlr.
t —   10 Rthlr.
5 —   jeder   1 Frdd.
4 —   —   3 Rthlr.
1 —   —   2 Rthlr.
11 —   —   1 Rthlr.

BERN.   1 Rthlr.
Herr Doktor Höpffner.

BIELEFELD.   5 Rthlr.
Herr Major von Hiller.
— Senator Hoftbruner.
— Kammerr. Tiemann. (Bef.)
                       9 Rthlr.

BLANKENBURG. 2 Rthlr.
Herr Poftmeifter Reufs.
— Phyfikus Sandiart.

BIEICHRODE.   4 Rthlr.
Herr Stadtfchultheifs Henrici.
— Juftitzkommifs. Michaelis.
— Apotheker Rüdiger.
— Rathmann Weimar.

BRANDENBURG. 9 Rtlr.
Herr Arnold. ⎫ Lehrer am
— Bindewald. ⎬ Ritterkol-
— Lange. * (Bef.) ⎭ legium.
— Infpektor Schein.
— Kaufmann Schlunk.
— Superintend. Schmidt.
— Rektor Willenbücher.
Zwei Ungenannte.

BRANDIS.   1 Rthlr.
Herr Kammerh. v. Bodenhaufen.

BRAUNFELS. 13 Rthlr.
Se. Durchl. Fürft WILHELM
    von Solms-Braunfels. *
I. Durchl. Prinzeffin AUGUSTE
    von Solms-Braunfels *
Herr Legat. R. von Avemann.
Frau Oberhofmeifterin von Dir-
    kenfeld.
Herr Hauptmann von Grafs.
— Advokat Langsdorff.
— Kommand. von Mohr.
— Pfarrer Müller.
— Kammeraffeffor Murhardt.
— Hauptmann v. Pappenheim.
— Regierungsrath Stock.
— Obrift du Thil.
— Doktor Wagner.

BRAUNSBERG. 3 Rthlr.
Herr Obrift v. Favorat. 3 Rtlr.

BRAUNSCHWEIG. 405 Rtl.
I. K. H. die verwittw. HERZO-
    GIN von Braunfchweig. *
Se. Durchl. Herz. FERDINAND
    von Braunfchweig. 50 Rtl.
Ein hoher Ungenannter. 51 Rtl.
J. D. A.
Herr Kandidat Abel.
— Kanzmiff. Aldefeld.
— Konditor Aldefeld.
— Angel.   2 Rthlr.
— Paftor Bartels.
— Gebrüder Baufen. 3 Rthlr.
— Hofkunfteffecher Beck.
— Geh. Juft. R. Biel *
— Sekret. Bifchoff.
— Bleibtreu.
— Direktor und Domdechant
    Bockelmann.   3 Rthlr.
— Landrentmeift. Bockelmann.
— Sekretar Bockelmann.
— Pagenlehrer Bölfch.
— Paftor Bollmann.
— Kammerherr von Bothmer.
— Profeffor Bourbeny.
— Gebrüd. Urafs zu Wermols-
    kirchen.
— Superint. Breithaupt.
— Kaffirer Breymann. *
— Leibarzt Brückmann.

Demoifelle Burghoff.
Herr Kammerfekret. Clauer.
— Amtsrath Cleve.
— Major Cleve.
— Kriegsrath Cleve.
Frau von Cramm.   2 Rthlr.
Herr Kaufmann Degency.
— Uhrmacher Delolme.
— Paft. Ebel zu Wahle. * (Bef.)
— Hofrath Ebert.
— Paftor Elten.
— Major von Erneft.
— Profeffor Efchenburg.
— Paftor Fahrenholz zu Brel-
    ftedt.
— Hofprediger Fedderfen.
— Geh. R. Feronce v. Rothen-
    kreuz Exc.   5 Rthlr.
Frau Geh. R. Feronce v. Rothen-
    kreuz Exc.   3 Rthlr.
Herr G. R. v. Flögen Exc. 5 Rtl.
Dem. Friefen.
Herr Hofrath Gärtner. 3 Rthlr.
— Kammerr. Gebhardi. 10 Rtl.
— Gebler.
— Geerae.
— Hofkammerrath Gemeiner.
— Hauptmann Gerlach.
Frau Kammerfrau Göfchen.
Herr Kammerrath Gräfe. 3 Rtl.
— Lieut. Gräfe.
— Hofkaffirer Gruffendorf. *
                    (Bef.)
— Oberbereuter Gurr.
— J. G. H.   2 Rthlr.
— K. E. H.
— Kaufmann Händeler.
Fräulein von Hagen.
Herr Buchhalter Hanfen.
— Geh. Juft. R. v. Hintelmann.
— Geh. Rath von Hardenberg.
  Reventlau Exc.   5 Rthl.
— Hofger. Affeffor Hartken.
— Julius Hartmann.
Madame Haufs.
Herr Amtmann Haufsmann in
    Bindera.
— Konrad Haufsmann.
— Steph. H. Haufsmann.
— Kammer- und Bergrath
    Heinemann.
— Pagenhofm. Hellwig. * (Bef.)
— Paftor Henke * (Bef.)
— Hofkommiffar Henninges. *
                          Herr

Herr Hofmeister Herbort.
— Amtsrath von Herbst.
— Legationsrath von Hille.
— Advokat Hoffmann.
— Kammerherr v. Hoheneck.
— Direktor und Klosterrath Hohenstein. 2 Rthlr.
— Geh. Sekret. Hohenstein.
Frau Oberlanddrostin v. Hoym.
Herr Kammerrath von Hoym.
— Direktor und Klosterrath Hugo. 2 Rthlr.
— Goldarbeiter Jaster.
— Abt Jerusalem. 5 Rthlr.
— Kaufmann Jonas und Sohn. (Bef.) 3 Rthlr.
— Regimentschirurg. Jorgens.
Frau J. C. F. K. geb. H. 2 Rthlr.
Herr Kandidat Käufer.
— Drost von Kalm. 10 Rthlr.
— Justizrath von Kalm.
— Kaufmann Katenkamp.
— Kanzellist Kleinschmidt.
— Superintendent Klette zu Engelstädt.
— Hofbrauer Knauf.
— Hofmeister Knoche.
Demoiselle Koulhaas.
Herr Zinngießer Krägelius.
— Kaufmann C. B. Krause.
— Kaufmann D. G. Krause.
— Münzkommiss. Krull.
— Kuhlmann.
— Superint. Küster.
— Lobbeke.
— Maj. Lüdecke.
— Amtmann Lüdersen.
— Kammerdiener Lynker.
— Stallmeister Mackeldey.
— Sekret. Mackeldey.
— Hofrath Mühnert.
— Insp. Mahrenholz.
— Markwordt, jun.
— Pastor Marquardt zu Duttenstädt.
— Hofrath Martini.
— Kassirer Meyer.
Demoiselle Meyer.
Herr Lieut. von Meyern.
— Pastor Milius zu Salder.
— Kaufmann Möllenbeck.
— Hauptmann v. Morgenstern.
— Landkommiss. Möschel.
— Klosterrath Müller, 2 Rthl.

Herr Pastor Müller zu Gebhardshagen.
— Hofmarschall Freiherr von Münchhausen Exc.
— Lieut. von Munzel.
— W. A. Nagel.
— Professor Neyron.
— Berghandlungs-Kommissarius Nose (Bef.)
— Hofmaler Oest.
— Hofbildhauer Ohden.
— Syndikus Pabst.
— Burgemeister Papen.
— Pastor Paulmann.
— Sekret. von Pfeil.
— Hofmeister de Pierre.
— Leibarzt Pott.
— Geheime Rath von Praun Exc. 2 Rthlr.
Fräul. Chanoinesse von Praun.
Herr J. F. D. Q.
— Pastor Rackenius zu Lobmachtersen.
Demoiselle Ramdohr.
Herr Landkommiss. Reiche.
— Professor Reiner.
— Gen. Lieut. von Rhetz Exc.
— Gen. Superint. Richter.
— Gen. Maj. v. Riedesel. 2 Rthlr.
— Kaufmann Ridder.
— Graveur Robin.
— Finanz Rath Römer. (Bef.)
— Kammer R. Rönkendorff.
— J. F. Rönkendorff.
C. A. H. S. 2 Rthlr,
J. H. S.
Fräul. v. Schack. (Bef.) 2 Rthlr.
Herr F. W. Schade.
Demoiselle Schurnbeck.
Herr Dokt. u. Syndik. Schaper. 2 Rthlr.
Frau Dokt. Schmidt.
Herr Magist. Schmidt.
— Kanzellist Schmidt.
— Obr. Lieut. von Schneller.
— Kammer R. von Schrader. 5 Rthlr.
Frau Kommiss. Schüler.
Herr Erbsrath Schwarz. (Bef.)
— Maler Schwarz.
— Herr Kaufmann Simonis.
— Prof. Sörgel.
— Hofrath Sommer.
— Obrist von Spath.

49

Herr Profess. Stuve.
— Geh. Rath und Dompropst von Taubenheim.
— Kammerherr von Thielau.
— Legat. R. von Unger.
— Ob. Salz-Insp. von Unger.
— Heinr. Vogeler.
— Kloster R. von Voigts.
— Kaufmann Voß.
— H. W. und J. W. 5 Rthlr.
— Kanonikus Wabst.
— Hof-Apotheker Wabst.
— Sub-Konr. Wäterling.
— Obrist von Warnstädt.
— Pastor Weland.
— Professor Weitsch.
Demoiselle Wilhelm.
Herr Kaufmann Wunderlich.
— Prof. Zimmermann.
Zwey Verehrerinnen Leopolds
 ½ Frd'or.
1 Ungenannter. 2 Rthlr.
11 Ungenannte 11 Rthlr.

BREMEN. 11 Rthlr.
Herr Kaufmann Böwing.
— Aelterm. Kuhlenkamp. 2 Rtl.
— Senat. Kuhlenkamp. 2 Rthlr.
— J. Schmold.
— Paridom Schmold.
— Aelterm. Sengelsake. 2 Rthl.
Frau Witwe Senat. Wichelhau.sen. 2 Rthlr.

BRESLAU. 269 Rthlr.
Se. Durchl. Prinz von HOHENLOHE.
I. D. Dessen GEMAHLIN.
Herr Kaufm. Adolph.
— Kr. R. Arendt.
— Kr. R. Böhme. 3 Rthlr.
— Ob. Syndik. Börner. 2 Rthlr.
— H. Borstenstaner. 3 Rthlr.
— Professor Bräß.
— Brechers Erben u. Schiller, 1 Frd'or.
— Instrumentenm. Buchert 3 Rthlr.
— Graf von Colonna auf Gr. Strelitz. 3 Rthlr.
— Auditeur Dofer.
— Hofrath Ebersbach. 3 Rthlr.
— Proviantmeister Eichenauer.
— W. A. Fischer.

Herr

G

Herr Kaufm. Andr. Forni. 18 Rtl.
— Kaufm. Forster. 2 Rthlr.
— Direktor Fraudorff. 3 Rthlr.
  (*Beförderer.*)
— Graf von Frankenberg.
— Kr. R. Gedike. 2 Rthlr.
— Prof. Gedike. * (*Beförderer.*)
— Kamm. Sekr. Georgi. 2 Rthl.
— Ob.Acc.Kontr.Grofs. 2Rthl.
— Prälat Grospietfch zu Leubus. 3 Rthlr.
— Kammer Kalkulat. Grüning.
— Fabr. Kommiff. Hartmann. Gräfin Kath. von Haugwitz.
Herr Kaufmann Hayn.
— Kammer Sekretar Heering. 2 Rthlr.
— Geh. Banko Sekr. Held.
— von Heugel auf Malifchhammer.
— Affift. R. Hirfch.
— StiftsKanzler Homuth. 3Rtl.
— Etats Miniftr. Graf v. Hoym Exc. 5 Rthlr.
— Stadt Direkt. Hoyol.
— Dom Kaffen Kaffir. Hoyol.
— Rath Jäger. 3 Rthlr.
— Kammer Kalkul. Johni. 2 Rtl.
— Kaff. Kaifer.
— Hauptmann von Keffel.
— Kr. R. v. Kirtlitz.
— Pred. Klein zu Doonlau.
— Kaufm. Kleinwächter. 5 Rtl.
— Kr. R. von Klöber.
— Paft. Klofe zu Domanse.
— Stifts Kanzl. v. Kranichftädt.
— KammerSekret. Krull. 2Rthl.
— Kr. u. Bau R. Langhans. 2Rthl.
— Dompr. v. Langnickel. 1 Frd.
— Kr. Rath Leo 6 Rthlr.
— Rath Lipius.
— Kr. R. v. Maffow.
— Graf Franz von Marufchka.
— Heinr. von Marufchka.
— Buchhändl. Meyer. 2 Rthlr.
— Kaufmann Mühlendorff.
— Amts-Rath Müller zu Gr. Baudis. 2 Rthlr.
— Referend. Neumann.
— Kr. R. Neuwerz. 2 Rthlr.
— Ob. Teich Infp. Neuwerz 2 Rthlr.
— Kamm. Kalkulator Nexdorff.
— Profeffor Nitfche.

Herr Hauptmann von Normann.
— Ober Prov. Meifter Oswald.
— von Pachaly.
— Kaufm. Paritius.
— Direkt. von Pfeil.
— Kalkulat Pofer.
— Kr. R. Prädel.
— Steuer Einnehmer Prätorius 2 Rthlr.
— Refer. v. Prittwitz. 3 Rthlr.
— Prälat Quintel. 3 Rthlr.
— Direkt. Radicker.
— Diakonus Rambach.
— Ober Amts R. Redtel.
— Rimm. v. Reichel.
— Kr. Rath Reifel.
— Kalkulator Rödler.
— Prälat Rösler zu Kamenz 6 Rthlr.
— Weihbifchof von Rothkirch 1 Frd'or.
— Kommerc. R. Rummel.
— Dokt. Rupricht.
— Kalkulator Sandmann.
— Rendant Schmidt.
— Kr. R. Schnecker.
— Kommiff. Schreiber 3 Rthlr.
— v. Scholz auf Mablen.
— Konfift. R. Scholz.
— Bankier H. Simon, 6 Rthlr.
— Ob. Amts R. Skribenski.
— Ob. A. Rath Steudener. 2Rtl.
— Präl. v. Strachwitz. 3 Rthlr.
— v. Strachwitz auf Bruehwitz.
— v. Strachwitz auf Kamenerz.
— Kamm. Sekr. Streit. (*Bef.*)
— Präl. Strobach. 1 Frd'or.
— Rath Süfsmilch. 2 Rthlr.
— v. Taubadel auf Bikowine.
— Refer. v. Viebig. ¼ Souver.
— Referend. Vorphal.
— Graf v. Walderfee. 4 Rthlr.
— Oberforftm. v. Wedel. 3RtbL
— Stadt Direkt. Wilke. 3 Rthlr.
— Winzer. 2 Rthlr.
— Buchhalter Welker. 3 Rthlr.
— Kaufm. Werner. 1 Frd'or.
— Prälat Wezel zu Heinrichau 9 Rthlr.
— Hofrath Wunfter. 3 Rthlr.
— Affeffor Wurfbein.
— Kalkulator Zimmermann.
— Kr. K. v. Zitzewitz. 2 Rthlr.
8 Ungenannte. 8 Rthlr.

BRIEG. 10 Rthlr.
Herr Kuratus Bönifch.
— Hofrath Cunow.
— Hauptm. von Diebirfch.
— Ob. Amts R. Grunow.
— Komm. R. Mietzel.
— Präfid. von Windheim.
Fräulein von Wolland.
Herr Feldpred. Zachler. * (*Bef.*)
Herr Gen. Lieut. v. Zaremba Exc.
Frau Gen. Lieut. v. Zaremba Exc.

BROMBERG. 26 Rthlr.
Die Freimaurer Loge dafs. 26 Rthl.

BÜRRSBURG. 20 Rthlr.
I. D. die Fürftin v. SCHAUMBURGLIPPE.
Herr Paftor Billius.
— Kammerrath Cafpari.
— Amtm. Cleve.
— Paftor Duve.
— Konfift. R. Froriep. * (*Bef.*)
— Paftor Helper.
— Rentmeifter Lindemann.
— Paftor Meier.
— Paftor Merkel.
— Reg. R. Sander.
— Reg. R. Schmidt.
— Paftor Schönfeld.
— Reg. R. Spring.
— Kanzler von Springer.
— Profeffor Wahl.
— Paftor Wolbrecht.
— Infp. Zaretzki.

BUTTSTAEDT. 2 Rthlr.
Mad. Schordmann. 2 Rthlr.

CHARLOTTENBURG. 4 Rthlr.
Herr Bürgermeifter Krull.
— Prediger Krull.
2 Ungenante Damen. 2 Rthlr.

CHRISTIANIA in Norwegen. 22 Rthlr.
Die Freimaurer Loge Royal Arch. 20 Rthlr.
Herr Gen. Adjut. Kapit. v. Haxthaufen zu Friedrichshall.
— Negoc. Niels Tank dafelbft.

DAN-

DANZIG. 29 Rthlr. 14 Gr.
Herr Kaufm. Böttcher.
— Elliot Engl. Konful. 3 Rthlr.
— Schiffskapit. Kleis.
— Milenz. 3 Rthlr.
— Schiffskapit. Rathke.
— S. Richter. 6 Rthlr. 20 Gr.
— Kaufm. Seydel. 2 Rthlr.
— P. W. Siel. 3 Rthlr. 10 Gr.
— J. G. Stiil. 3 Rthlr.
— Schiffskapit. Weiſs.
1 Ungenannter.

DASSEL, im Hildesheimschen.
1 Rthlr.
Herr Stadtfekret. Meder.

DEMMIN. 18 Rthlr.
Herr Hauptmann von Aweyden.
— Bürgermeister Diefel.
Frau von Blankenfee.
Herr Landrath Büge.
— Kreiskollekt. Glave.
— Kaufmann J. J.
— — P. J.
— — D. F. Lobeck.
— Apotheker Michaelfen.
— Dokt. Muhrbeck. 2 Rthlr.
Frau von Normann.
Herr Hauptm. v. Partein.
— Kaufmann Pfeiffer.
— Hofrskal Redtel.
— Kaufmann Schweikert.
— Major von Schwerin.
— Präposit. Thurow.

DESSAU. 38 Rthlr. 18 Gr.
Eine Ungekannte. 2 Frd'or.
Die Gräfin Sophia von Anhalt-
2 Rthlr.
Herr Prof. Bafedow. 2 Rthlr.
— von Bergen.
— Kaufm. Bramick. 2 Rthlr.
— Profeffor Crome * (Bef.)
— Ob. Hauptm. von Döring.
½ Frd'or.
— Oberforſtm. von Görſchen.
— Geh. R. v. Harling. 2 Rthlr.
— Hofrath Heermann.
— Kaufmann Koch.
— Kottowski.
Frau Oberſtallm. von Nettſchütz.
2 Rthlr.
Herr Hofrath Pfau.

Herr Hofrath Richter.
— Doktor Schwabe.
— Maj. v. Stedingen. ½ Frd'or.
— Präſident Stubenrauch.
Frau Krieges R. von Suhm.
Herr Profeſſor du Toit.
Ein Ungenannter.

DORTMUND. 6 Rthlr. 6 Gr.
Herr von Beerswordt.
— von Beerswordt gehannt
Wallrabe. 1 Frd'or.

DRESDEN. 25 Rthlr.
Der Kön. Preuſſ. Geſandte Freih.
von Alvensleben. 10 Rtlr.
Herr Biblioth. Daßdorff. 3 Rthlr.
(Beförderer.)
— Bankier Gregory. 5 Rthlr
— Lieut. von Marperger.
— Oberrechnungsr. Mildner.
— Möller.
Frau D. Roſtin.
Herr Geh. Fin. Sekret. Rothe.
— Dokt. Scheffler.
— Advokat Zimmer.

DUDERSTADT. 10 Rthlr.
Herr Kaufmann Geyer.
— Ferd. Gödike. (Bef.) 6 Rtl.
— Rathsverwandter Heſſe.
Frau Gräfin Lubinska, geb. Bar.
von Roſen.
Herr Paſtor Wittekopff.

DUISBURG 3 Rthlr.
Herr Profeſſor Günther.
— Profeſſor Muzel * (Bef.)
— Profeſſor Schlechtendahl.

DYHERNFURT. 1 Rthlr.
Herr Paſtor Fulde.

EGELN. 1 Rthlr.
Herr Lieut. v. Puttkammer.

EISENFELD 1 Rthlr.
Herr Doktor Noſe.

ELBING. 49 Rthlr. 10 Gr.
Herr H. Bock.
— S. T. Grüttner. 3 Rtl. 10 Gr.
— Mnioch u. Rurrel. 3 Rthl.
— Bankobuch. Müller. 2 Rthlr.

Herr Kommiſſ. R. Römer. 10 Rtl.
— J. J. Roskampff. 3 Rthl.
— Kr. R. Schmidt, für ſich und
einige Kaufl. (Bef.) 25 Rtl.
— Schwark u. Ewerbeck. 2 Rtl.

ELLRICH. 5 Rthlr.
Herr Kämmerer Coler.
— Stadtſcholtheiſs Höfer.
— Kaufmann Jünemann.
— Bürgerm. Weber.
— Sekretär Wedler.

EMDEN. 25 Rthlr.
Herr Kammerrath Befeke.
Frau Agn. Befeke, geb. Heßlingh.
Herr Rentm. Befeke.
— Juſt. Kommiſſ. Blum.
— Aſſeſſ. Budde.
— Regiments-Quartiermeiſter
Ebeling.
— Kamerar. Heßlingh.
— Bürgermeiſter Loting.
Demoiſelle Marché.
Herr Amtsger. Schreiber Meppen.
— Kaufmann Merger.
Fräulein A. M. v. d. Often.
Herr Ritterſchafts Deputat. von
Pollmann. 2 Rthlr.
— S.
Demoiſelle C. J. Schnedermann.
Herr Regim. Feldſch. Schöner-
mark.
— Regim. Feldſch. Schwarze.
— Geh. Kommere. R. Tegel.
— Hofrath Tegel.
Demoiſ. M. S. Tegel.
Herr Auskult. Tholen.
— Amtm. Wenkebach.
Ein Ungenannter.

ERFURT. 9 Rthlr. 8 Gr.
Herr Prof. Bellermann. 3 Rthlr.
— Prof. Herel. 1 Karol.

ERLANGEN. 90 Rtl. 22 Gr.
Eine wahre Freundin des hoch-
ſel. Herzogs. 20 Rtl.
Die Freimaurerloge Libanon z. d.
drei Cedern. 30 Rthlr.
Herr Juſt. R. Arzberger.
— Hofrath und Prof. Breyer.
— Graf v. Caſtel. 2 Rtl. 20 Gr.
— Hausbofmeiſter Cella.

Herr

Herr Studiof. Pametzkoi.
— J. H. G. 5 Rthl.
— Profeſſor Häberlin.
— Graf von Hohenlohe Langenburg. 2 Rthlr.
— Prof. Hufnagel. * (Bef.)
— Hauptm. Kotzebue. (Bef.) 2 Rthlr. 12 Gr.
Baroneſſe von Metzſch.
Herr Hofrath Meuſel. 2 Rthr.
— Profeſſor Papſt.
— Geh. Kirch. R. Seiler. 2 Rtl.
— Studiof. Weſemskoi.
Ein wahrer Verehrer 5 Rtl.
Eine wahre Verehrerin.
Eine ungenannte Verehrerin. 3 Rthlr.
Zwei Ungenannte. 4 Rthr.
Desgleichen. 2 Rtl. 14 Gr.

ESENS. 8 Rthlr.
Herr Konſiſt. R. Coners. * (Bef.)
— Rentmeiſter Einfeld.
— Amtm. v. Halem. 2 Rthlr.
— Regier. Referend. v. Halem.
— Bürgerm. Menke.
— Landphyſikus Menſſen.
— Stadtger. Sekret. Steineyer.

FESTENBURG. 3 Rthlr.
Die Gemeinde daſelbſt. 3 Rthlr.

FORDON. 18 Rthlr.
Herr Proſe. 3 Rthlr.
— Inſpekt. Rutſch. 15 Rthlr.

FRANKFURT am Main. 3 Rthlr.
Ein Ungenannter 3 Rthlr.

FRANKFURT an der Oder 104 Rthlr. 21 Gr.
Herr Hofmeiſter Arnold.
— Herz Bär.
— Landrath von Bärfelde zu Loſſow. 10 Rthlr.
— Senator Bärenreuth. 1 Frd'or.
— Kaufm Befeke.
— Gen. Maj. v. Bevalle. 10 Rthl.
— Profeſſor Cauſſe. 2 Rthlr.
Demoif. Cauſſe.
Herr Rektor Dertmers.

Herr Kandidat Deutſchmann.
— Regim. Quartierm. Dorthe. 2 Rthlr.
— Inſpekt. Ebert.
— Lieut. von Felden.
— Obriſt von Frankenberg. 2 Rthlr.
Die Freimaurer Loge zum aufrichtigen Herzen. 15 Rthlr.
Herr Prediger Fromm.
— Hauptmann von Görſchen.
— Apotheker Görz. 2 Rthlr.
— Buchhalter Groſchke.
— Profeſſor Hartmann.
Demoif. Hartmann die ältere.
Demoif. Hartmann die jüngere.
Herr Heckert. 2 Rthlr.
— Buchhalter Henkel. 2 Rthlr.
(Beförderer.)
— Rektor Heynatz. * (Bef.)
— Hauptm. von Hohendorff.
— Oberamtm. Hubert.
— Auditeur Jänichen.
— Hauptm. von Kaliſch.
— Maj. von Kameke.
— Maj. von Kleiſt. 2 Rthlr.
— Maj. von Köppern.
— Maj. von Kriewitz. 2 Rthlr.
— Feldpred. Krüger. 2 Rthlr.
(Beförderer.)
— F. Kühl.
— Elias Levin.
— Inſp. und Prof. Löffler.
— Geh. Rath Mayer. * (Bef.)
— Buchhalter Nitſchke.
— Hauptm. von Plötz.
— Ranzow.
— Maj. v. Rathenau. 2 Rtl.
— Kaufmann Richter.
— Hauptmann von Schätzl.
— Kaufm. Schroer.
— — Schüler.
— — Schwaneberger jun.
— Zollinſpektor Seidel.
— Buchhalter Simon.
Frau Profeſſor. Stofch. 2 Rthl.
Herr Hauptm. v. Troſchke.
— Goldſchmid Wilke.
— J. F. Wolff. ½ Frdd.

FREIBERG in Sachſen. 6 Rthlr.
Herr C. H. Thiele. 2 Dukat.

FÜRSTENBERG im Braunſchw. 1 Rthlr.
Herr Doktor Hellwig.

GANDERSHEIM. 14 Rthlr.
Herr Subſen. Kapit. Albrecht.
— Amtmann Becker, zu Kloſter-Klaus. 2 Rthlr.
— Maj. Brauns zu Helmiſcherode.
— Hofpred. Breimann.
— Fin. R. Brunshardt. * (Bef.)
— Leibarzt Eike.
— Hofrath Gelhud. 2 Rthlr.
— Kanonikus v. Hantelmann.
— Hofrath Kellner.
— Amtmann Schütze.
— Juſtizamtmann Temme.
— Paſtor Tögel zu Gerenrode.

GERA. 3 Rthlr.
Herr Kaufm. C. W. Hennig.
— — E. H. Hennig.
Demoif. Reinmann.

GERBSTAEDT. 1 Rthlr.
Herr Apotheker Lübbeke.

GIESSEN. 5 Rthlr. 6 Gr.
Herr Reg. R. Frh. v. Senkenberg. 1 Frdd.

GLATZ. 8 Rthlr.
Herr Kreisſekret. Guttler. 2 Rtl.
Ein ungenannter Kavalier. 2 Rthlr.
Ein ungenannter Officier. 2 Rthl.
Zwey Ungenannte. 2 Rthlr.

GLOGAV. 59 Rthlr. 3 Gr.
Herr Kammerdirekt. v. Bismark.
— Landrentm. Brochhauſen. * (Beförderer.)
— Referend. Butzer.
— Kaufmann Dionyſius.
Die drei vereinigten Freimaurer-Logen. 10 Rthlr.
Die Freimaurer-Loge zum goldnen Ringe. 3 Rthlr.
Herr Oberamts-Regierungsrath Hasleben.
— Referend. Hoffmann.
— Kanonik. u. Domp. Königer.
Herr

Herr Baron von Kottwitz auf
Tícheplau.
— Baron von Kottwitz auf
Pervan. 1 Frdd.
— Ob. Amts-Reg. R. Lucanus.
— Ob. Konfift. R. Ludovici.
— Affiftenz-Rath Meckel von
Hembsbach.
— Referend. Michaelis.
— Referend. Nickifch.
— Kandid. Nickifch.
— Bildnißmaler Paufewein.
— Kammerfekret. Preller.
— Geheime Rath und Direkt.
von Prittwitz.
— Hauptm. von Ramdhoun.
— Kriminalrath Ritter.
— Kriminalrath Sack.
— Ober-Amts-Regierungs-
Rath Schwarzenberger.
— Ob. Amts-Reg. Rath Stahn.
1 Frdd.
— Ob. Amts-Reg. R. Stielow. *
(Beförderer.)
— Landes-Aelteft. v. Sydow.
— Baron von Tfchammer zu
Quarz. ½ Frdd.
— Refer. Baron v. Vernezobre
— Rittm. von Wächter.
— von Wiefe auf Gafron.
— Direkt. Winkler.
— Kr. Kommiff. Winkler.
Ein Ungenannter 5 Rthlr.

GLÜCKSBURG. 35. Rtl.
Se. D. der Herzog von BRAUN-
SCHWEIG-BEVERN. *
I. D. die HERZOGIN. *
Herr Hofr. Ambrofius. 2 Rthlr.
— Küchenmeifter Diener.
— Hofrath Falk. 2 Rthlr.
Fräul. Hofdame von Löwenftern.
2 R·hlr.
Herr Kammerjunker Freiherr v.
Pechlin. 2 Rthlr.
— Hauptm. Gr.v. Schulenburg.
2 Rthlr.
Fräul. Hofdame von Schwerin.
2 Rthlr.
Herr Hofr. Spies. (Bef.) 2 Rtlr.
GOSLAR. 23 Rthlr.
Herr Advokat Bürmer.
— Doke. u. Senat. Denftorff.
— Poftmeifter Fricke.

Herr Oberfaktor Giefeke.
— Bürgermeifter Hartmann.
— Kämmerer Holzmann.
— Zehntner Hunäus.
— Senator Keßler.
— Fakt.Märike zu Langesheim.
— J. P. Mävers.
— Lieut. Mertens z.Harzeburg.
— Kandid. Mühe. * (Bef.)
— Lieut. v. Quitzow in Preuß.
Dienften, auf Werbung.
— Enger Rathsherr Reinhardt.
— Kanonik. J. F. Rentberg.
— Kandid. A. J. Rertberg.
— Oberfaktor Schachtrupp in
Wolfenbüttel.
— Syndikus Sieber. * (Bef.)
— Bürgermeifter Simens.
— Worthalt. Simens.
— Enger Rathsh. Stedekorn.
— — — D.Sternberg.
— Kanonik. Volkmar.

GOTHA. 53 Rthlr. 8 Gr.
Ein hoher Ungenannter. 6 Frdd.
Herr Oberhofprediger Baufe.
— Becker. * (Beförderer.)
— Geh. Rath von Frankenberg
Excellenz. 1 Karol.
— Geifeler.
— Kammerrath Hermann in
Ohrdruff. 3 Rthlr.
— Hoppenftedt.
— General-Superint. Koppe.
(Beförderer.)
— Erzieher Meyer in Bendorff.
— Bibliothek. Reichardt für
3 Ungenannte. 3 Rthlr.
Eine Ungenannte.

GÖRLITZ. 5 Rthlr. 6 Gr.
Herr Stadthauptmann Geifeler.
½ Frdd.
— Advok. Modrach ½ Frdd.

GÖTTINGEN. 8 Rthlr.
Herr Studiof. Labes aus Danzig.
3 Rthlr.
— Lindner aus Kurland. 5 Rtlr.

GRABOW. 4 Rthlr.
Herr Doktor Marquard. *
— Amtsverwalter Paßow.

GRAUDENZ. 148 Rthlr.
Herr Phyfik. Berger. 2 Rthlr.
— Maj. v. Beßer.
Frau Sufanna Bifchoff.
Herr Konrekt. Böhnke.
— Maj. von Fomann.
— Juft.Bürg.Gallus.(Bef.) 2Rtl.
— Poliz. Bürgermeift. Gennée.
3 Rthlr.
— Prediger Grabowius.
— Kaufm. Granftein.
— Lieut. von Harenberg.
— — Hechfel.
— Obr. Lieut. von Heffen.
— Gen. Maj. v. Klitzing.
— Min. Lieut. Krohn.
— Ing. Lieut. Kühfuß.
— Lieut. Kühnaft.
— — Kunftner.
— — Lenz.
— Pred. Madeika.
— Min. Lieut. von Martiz.
— Hauptm. von Meyern.
— Min. Kapit. Neuwach.
— Ing. Lieut. Parifey.
— Kämmerer Pegelow.
— Lieut. von Rhein. 3 Rthlr.
— Kaufm. Rofenow.
— Rektor Rofinski.
— Rathsverw. Salomon. 2 Rtl.
— Stadtfekret. Schmidt.
— Rathsverwandt. Schönborn.
2 Rthl.
— Maj. von Steinwehr.
— Min. Kapit. Straufs.
— Min. Lieut. Straufs.
— Hauptm. von Vieregg.
— Kaufm. Wittenbecher. 2Rt.
— Magat. Infpektor Wurff.
Ein Ungenannter in Neudorff.
3 Rthlr.

GREIFSWALDE. 1 Rthlr.
Herr Profeffor Otto.

GRONINGEN. 2 Rthlr.
Herr J. P. Riedel. 2 Rthlr.

GRÜNBERG. 2 Rthlr.
Herr Pred. Roft zu Schmerfen.
2 Rthlr.

GÜSTROW. 27 Rthlr.
Herr von Bülow.

Herr Canzler.
— Hofg. Affeffor Baron v. Kielmannsegge. (Bef.) 1½ Frdd.
— Hofrath Neumann. ½ Frdd.
— Landrath von Pritzbur.
— Hofr. Dr. Spalding.
— von Warnftädt. 2 Frdd.
— Hofrath von Wick.
— Prokurator Zeller.

HALBERSTADT. 155 Rtl. 12 Gr.

Herr v. d. Affeburg.
Demoif. Braunbehrens.
Herr Kriegsrath Cunow.
— Referend. Danneil.
— Hofrath Dingelftedt.
— Vikar. Ehlers.
— Kriegsrath Ebeling.
— Rektor Fifcher. (Bef.)
— Hofrath Fritze.
— Kanonik. Gleim. ½ Frdd.
— Hofr. Gleim.
— Kriegsrath Günther.
— Apotheker Hecht.
— Rend. Hennecke.
— Affiftenzrath Heyer. ½ Rtl.
— Stadtrichter Heyer.
— Kammerrath Huet. 2 Rthl.
— Landbaum. Huth.
— Kommiff. Rath Laveille.
— — — Lieberkühn.
— Hofpred. Lucan.
— Hofr. Lucanus.
— Kriminalrath Mahlmann.
— — Mark.
— Affeff. Michaelis.
— Prediger Oldenbruch.
— Krim. R. Oppermann. 2 Rtl.
— Reg. Rath und Kan. v. Pott.
— R.
— Kr. R. Refag.
— Oberpred. Röper.
— Reg. R. Ritzenberg. * (Bef.)
— Krimin. R. Schmaling. 2 Rtl.
— Kr. R. von Schmettau.
— Kommiff. R. Schöpfer.
— Akt. Schrader.
— Domh. v. Stedern. 1 Frdd.
— Affeffor Stelter.
— Paftor Stilke im Thale.
— Dompred. Streithorft.
— Regiftrat. Strubenrauch.
— Predig. Vieweg zu Sargftädt.
— Schulkollege Vieweg.

Herr Infpekt. Walkhoff.
— Konfift. R. Weisbeck. 2 Rthr.
— Reg. Sekret. Zachariä.
2 Ungenannte jeder 2 Frdd.
6 — — 1 —
2 — — 5 Rthl.
3 — — 3 —
3 — — ½ Frdd.
1 — — 2 Rthl.
13 — 13 —

SCHWAEBISCH HALL. 11 Rtl.

Herr Oberzahlpfleger Bonhöfer.
— Stadtpfarrer Dorrfchmann.
— Amtsverpfleger Hartmann.
— Rath Hafpel.
— Konfulent Hafpel.
— Ober - Landheiligenpfleger Hetzel.
— Stadtmeifter Hufnagel.
— Rath und Amtm. Stellwag.
— Hauptmann Wibel.
— Prediger Wibel.
— Rath und Ammann Wibel zu Kocheneck.

HALLE bei Hameln an der Wefer.
19 Rthlr. 15 Gr.

Herr Paftor Hartels zu Harderode.
— Ifaak Bendix.
Demoif. Boiffelier zu Dohnfen.
Herr Kaufmann Clauffen zu Bracke
— Superint. Decker. * (Bef.)
— Kandid. Decker im Oldenburgifchen.
— W. A. Decker.
— Amtsr. Ernft zu Bisperode.
— Kaufm. Flothow zu Dohnfen. 3 Rthlr.
— Kaufm. Flothow zu Thran. ½ Frdd.
— Paftor Kocken zu Bisperode.
— Juftiz-Amtmann Kubel zu Wickenfen.
— Droft v. Rofenftern. 3 Rtl.
— Kandidat Teichmüller zu Dohnfen.

HALLE im Magdeburgifchen.
19 Rthlr. 12 Gr.

Herr Studiof. Benecke aus Aken.
— — von Clermont aus Berlin.

Herr Studiof. Coftenobel.
— Prof. Eberhardt. (Beförd.) 1 Frdd.
— — Forfter.
— Studiof. Gerhard.
— — Herrmann a. Schleffen. 1 Frdd.
— Studiof. Lüder aus Berlin.
— Hofmeifter Nöldechen.
— Studiof. von Podewils aus Pommern.
Ein Ungenannter.

HALLE im Ravensbergifchen.
2 Rthlr.

Herr Bürgermeifter und Accife-Infpektor Schulze. 2 Rthl.

HAMBURG. 186 Rtl. 6 Gr.

Herr Kaufmann Bahn. *
— — Bartels. *
— Abraham Israel Baruch.
— Dokt. Beckmann. *
— Kaufm. Berndes. *
— Paftor Bracke. * (Beförd.)
— Kaufm. Brentano, Kovara und Greppi. 1 Frdd.
— Kaufm. Luer Bruft. *
— — Vincent Bulle.
— — Friedr. Carftens. *
— — De Dobbler. *
— — P.H.Dufffen. ½ Frd.
— Syndikus Faber *
— Doktor Gerfon. jun.
— Kaufmann J. G. Grätzel. *
— —. J. G. Gräve. *
— —. J. C. Gülich. *
— Abr. Mark. Heckfcher.
— Buchhändl. Herold. 3 Rthlr.
— Kaufm. Hertel. *
— Hoff und Pelzer. 1 Frdd.
— Huthwalker. 1 Frdd;
Die Hochdeutfche Juden - Gemeinde. 5 Rthlr.
Herr Kaufmann Klefecker. *
— Knoop. *
— Kaufm. Köpke. *
Madame Köpke. *
Herr Kaufm. Kühl Peterfohn. *
— Vinc. Luis. *
Der Magiftrat. 25 Dän. Dukat.
Herr Nathanael Markus.
— A. E. Martens Albertsfohn. 3 Rthlr.
Herr

Herr Kaufm. M. J. G. Martens. *
— — H. Mellow. *
— — H. Middeldorff. *
— — Möller. *
— — G. D. Moßdorff.
— — M. Mutzenbecher.
 4 Frdd.
— — D. Nordthoff. *
— — J. H. Otte, jun. *
— — E. P. Palm. *
— — Petersfohn.
— — J. H. Rodau. *
— — J. H. Rückert. *
— Siegm. Rückert. *
— P. M. Schlefinger. 2 Rtlr.
— Kaufm. Philip Schlüter. *
— — W. P. Schlüter. *
— — H. Schröder. *
— Schaufpieldirekt. Schröder.
— Kaufm. A. H. Schütz. *
— Geh. Sekret. Schulze.
— Kaufm. Heinr. Schulz. *
— — G. H. Sieveking. *
— — C. H. Sontag. *
— — J. v. Spreckelfen. *
— — J. M. Stoppel. *
— — M. H. Strefow. *
Madame Strefow. *
Herr Hauptpaftor Sturm. (Bef.)
 1 Frdd.
— Sylingk und Moll. 1 Frdd.
— Kaufm. Thiedemann. *
— — Triebel. 2 Rthlr.
— — Franz Tummel. *
— — Ulrici.
— — J. F. Voigt. *
— Mofes Weffely. * (Bef.)
— Paftor Winkler.
— Kaufm. Witt. *
— — Sam. Wirthmeyer.
— Schiffmakler Wüpper. 2 Rtlr.
3 Ungenannte. 3 Rthlr.
HAMM. 1 Rthlr.
Herr Hauptmann von Görze.
HANNOVER. 57 Rthlr. 6 Gr.
Herr Paftor Domeyer zu Ims-
 haufen.
— Hofrath Falke. * (Bef.)
Die Freimaurer Loge zum Weiffen
 Rofs. 42 Rthlr.
Herr Kammerrath von Grothe.
— Syndik. Guden. 3 Rthlr.
— Geh. Sek. Höpfner.(Bef.)4Rt.

Herr Paftor Zfchorn zu Liftrop.
Ein geborner Braunfchweiger.
 1 Frdd.
HASSERODE. 2 Rthlr.
Herr Amtsfaffe Nebeling.
— Zollinfp. Schlefke.
HAVELBERG. 1 Rthlr.
Gräfinn v. d. Golz.
HEIDELBERG. 9 Rthlr.
Herr Kirchenrath Mieg. * (Bef.)
7 Ungenannte. *
HEILIGENSTADT. 2 Rtl.
Her Hofrath von Keller.
— Hofrath von Kolligs.
HILMSTADT. 12 Rtlr.
Herr Hofrath Beyreis. *
— Profeffor Bruns. *
— Bergrath Crell. * (Bef.)
— Abt Henke. *
— Abt Velthufen. *
— Stud. Medic. Wilkens. *
— Paft. Wittekopff zu Deftädt.
 2 Rthlr.
HERFORDEN. 1 Rthlr.
Herr Dechant Consbruch.
HILDESHEIM. 19 Rthlr. 18 Gr.
Herr Domh. Frh. v. Beroldingen.
 1 Frdd.
— — — M. v. Brabeck.
 1 Frdd.
— — — W. v. Brabeck.
 1 Frdd.
— Apotheker Decker.
— Raths-Apotheker Ilfemann.
 3 Rthlr.
HIRSCHBERG. 48 Rthlr. 12 Gr.
Demoif. Brückner.
Herr Kaufm. Aelt. Contreffa. 3 Rtl.
— — — Emler. 2 —
— — — Franz. 2 —
— — — Fritfch.
— Senator Geye jun.
— Kaufm. Aelt. Hänifch. 2 Rtl.
— Gebrüd. Hartmann. 2 Frd.
Madame Haug in Warmbrunn.
Herr Hayn jun. in Warmbrunn.

Herr Heß. 3 Rtlr.
— Kaufm. Aelt. Hofmann.
— Juftizdirekt. Jonß. 2 Rthlr.
— Kaufm. Aelt. Käller.
— — Kärzler.
— — J. G. Kiesling.
— — K.G.Kiesling. 2 Rt.
— — Aelt. Lichter.
— — — Liebich.
— von Miczkowski.
— Kaufm. Aelt. Schäfer. 2 Rtl.
— — J. A. Schäfer.
— — Schmidt. 2 Rthlr.
— — Schneider. 2 Rthlr.
— — Straube in Warm-
 brunn.
Demoifelle Streit.
Frau Kammerräthin Thomann.

Im HONSTEINITCHEN.
 19 Rthlr.
Frau Gener. von Berlepfch zu
 Buhla.
Herr Juft. Amtm. Bielich z. Lohra.
— Amtm. Bötticher zu Mau-
 derode.
— Förfter Bruer u. Wolfsberg.
Frau Kammerräthin Dietrichs
 zu Wefleben.
Herr Sekret. Gotter zu Buhla.
— Amtm.v.Hagen z.Günzerod.
— Ger. Akt. Jakobi.
— Paft. Jakobi zu Gudersleben.
— Pred. Limburg zu Wefleben.
— Zollcinn. Limprecht dafelbft.
Frau Baron. von Linfingen auf
 Agnesdorff.
Herr Amtsakt. Mahler.
— Arrendator Panfe zu Nie-
 dergebra.
— Amtsverwalter Rudolph zu
 Agnesdorff.
— Amtsr. Smalian zu Lohra.
— Gebr. Trautvetter. 2 Rthlr.
— Landrath von Zengen zu
 Mackenrode.

HORNBURG. 5 Rthlr. 6 Gr.
Herr Infpektor Lenz. 1 Frdd.

JENA. 28 Rthlr.
Herr Hofr. Eichhorn. 3 Rthlr.
— — Loder. 3 Rthlr.
— Profeffor Schütz. * (Bef.)

Die

Die Societ. der Unternehmer der
  Allgem.Litt.Zeitung.21Rth.

INSTERBURG. 13 Rthlr.
Herr Doktor Brück.
— Maj. von Lettow. 2 Rtlr.
— Hofgerichtsrath Lucä.
— Regim. Chirurgus Lüdeke.
— Erzpr. Müller.
— Feldpred. Pomen. * (Bef.)
— Hauptm. von Rhein.
— Lieut. von Schenkendorff.
— Oberamtmann Schimmelpfennig.
— Dokt. Schlenther.
— Negoz. Schwarz aus Tilsen.
— Rathsverw. Thierbach.

KALBE im Magdeburgischen.
  8 Rthlr.
Herr Kriegsr. Avenarius.
— Rektor Behrends.
— Mühleninspekt. Böhne.
— Postm. Döpking.
— Sekret. Heyse.
— Kammerrath Honig.
— Assessor Tournier.
— Ritm. von Uckermann.

KAROLATH. 3 Rthlr.
Herr Hofpred. Grigott. 3 Rtl.

KASSEL. 4 Rthlr. 12 Gr.
Herr Amtschulze Claudi in Willingshausen.
— Regierungsr. Frh. v. Linden.
— — v. Walmerich.

KAUFBEUERN. 1 Rthlr.
Herr ICtus Wagenseil.

KIEL. 13 Rthlr.
Herr Prof. Heinze. (Bef.) 13 Rtl.

KLAUSTHAL. 4 Rthl.
Herr Dokt. Böhmer.
— Gen.Super. Dahme. (Bef.)
— Richter Scherlach.
— Hofrath Stisser.

KLETTENBERG. 4 Rthlr.
Herr Justiz - Kommissar. Berge.
— Kommissionsrath Brauer.
— — Hesse.
— Justizamtskopist Rothe.

KLEVE. 53 Rthlr.
Herr Kaufmann Ahrweiler.
— Obr. Lieut. von Bachmann.
— Landsyndik. ten Bergh.
— Kammerdirekt. Bernuth.
— Landschreiber Beuth.
— Geh. Sekret. Böhme.
— Landes - Direkt. Graf von
  Byland.
— Geheimerath von Diest.
— Freiherr von Dornick.
— Land - Syndikus Gilhausen.
  2 Rthlr.
— Landesdirekt. Freiherr von
  Grüter.
— Freih. von Grüter.
— — — Haen.
— Kriegsrath von Hagen.
— Freih. von Hauß.
— Münz-WardeinHobermann.
— Freih. von Hövel.
— Kriegsrath von Hoven.
— Geh. Reg. R. von Hymmen.
  2 Rthlr.
— Regier. Kanzlei - Inspektor
  Kemmerling.
— Küchmeister von Sternberg.
  5 Rthlr.
— Geheime Rath Lamers.
— Kriegsrath Pfeiffer.
— Landesdirektor Freih. von
  Plettenberg.
— Freih. von Plettenberg zur
  Heyde.
— Landesdirektor Freih. von
  Quadt.
— Freih. von Quadt.
— Geh. R. von Raesfeld.
— Geh. Kr. Rath Reimann.
— Bürgermeister Reinhard.
— Administrat. von Renesse.
— Freiherr von Romberg.
— Kaufmann Ronstorff.
— Geh. Kriegsrath Freih. von
  Schellersheim.
— Geh. Reg. Rath von Sobbe.
— Freih. H. L. von Sonsfeld.
— Kr.R. Sprengel. (Bef.) 5Rtl.
— Frh. von Sydow.
— Kassirer Vink.
— Landsyndikus Vorster.
— Bürgermeister Wiethauß.
— Kr. R. Wolff.
— Frh. von Wylich.

KOBURG. 237 Rthlr.
Se. D. der Reg. Herzog v. SACHSEN KOBURG SAALFELD. *
I. D. d. regierende Frau HERZOGIN. *
S. D. Erbprinz FRIEDRICH
  FRANZ ANTON. *
I. D. d. Erbprinz. AUGUSTA
  KAROLINA SOPHIA. *
S. D. Prinz CHRISTIAN FRANZ. *
S. D. Prinz LUDEWIG KARL. *
I. D. die Prinz. KAROLINA
  ULRIKA AMALIA. *
Herr Forstkommiss. Albrecht.
— Postkommiss. Amberg.
— Gen. Super. Bagge. 2 Rthl.
— Konsistorialrath Bartenstein.
— Verwalter Bartenstein.
— Kanzleirath Baumann.
— Regierungsrath Beulwitz.
Die Bibliothek des Amtes.
— — des Centamts.
— — der Geh. Kanzlei.
— — des Gymnasiums.
— — der Kammer. 2 Rth.
— — d.Konsistorium. 8 —
— — d. Rathschule 2 —
— — der Regierung. 2 —
— — des Stadtraths.
Herr Bischoff.
— Maj. von Boxberg.
Frau Maj. von Boxberg.
Herr Rath Blümchen.
— Hof - Marschal Obrist von
  Brandenstein.
— Steuerkommiss. Brenner.
— Professor Briegleb.
— Kassirer Brückner.
— Kammerrath Bühl.
— Adj. Magist. Clarus.
— Clemens.
— Hofrath Conta.
— Stuerciverwalter Conta.
— Regierungskopist Denzler.
— Oberforstmeister v. Dieskau.
— C. F. Diez.
— Diak. Dinkler.
— Rekt. Dinkler.
— Konrektor Dressel.
— Hofagent Dressel.
— Accesist Ernesti.
— Professor Ernesti.
— Superint. Faber.

Demoif.

Demoif. Faber.
Herr Affeffor Facius.
— Profeffor Facius.
— Regier. Regiftr. Facius.
— Fahlenberg.
— Burgem. Fifcher.
— Floßkommiff. Frank.
— Kanzleir. Frank.
— Sekret. Frank.
— Sekret. Freund.
— Subdiak. Frommann.
— Braumeifter Frommann.
Die fämtlichen Garderoben Bediente.
Herr R. und Amtm. Garter.
— Kammerdiener Gers. 2 Rtl.
— Kammerjunker v. Gersdorf.
Demoif. Gerften.
Herr Kommiff. Glaßer zu Geuerftadt.
Demoif. Glafern.
Herr Konfift. R. Göbel.
— Hofr. Göbel. (Bef.)
— Hofr. und Amtm. Göbel.
— Burgem. Gruner.
— Präfid. Gruner.
— Lieut. Gruner.
— Rath Gruner.
— Sekret. und Regiftr. Gruner.
— Hofr. und Geheim. Sekret. Gruner.
— Kanzleifekret. Gruner.
Demoif. Gruner.
Herr Kanzleir. Habermann.
— Chph. Handel.
— Prediger Hartmann zu Wapendorff.
— R. und Oberein. Hein.
Fräulein Prieder. von Heldburg.
— — Louife von Heldburg.
Hofdame Eleon. von Heldrit.
— — Philippine von Heldrit.
Herr Geh. R. und Obr. von Heldrit.
— Rath Herrmann.
— Konfift. R. Häublein.
— Geheim. Rath und Kanzler Heufchkel. 2 Rthlr.
— Kantor Hoffender.
— Präfid. Hoffmann. 2 Rthlr.
— Reg. R. Hoffmann. (Bef.)
— Legat. R. Hoffmann.
— Bauverwalter Hoffmann.
— Vorrathsverw. Hoffmann.

Herr Müller Hoffmann zu Bettelsdorff.
— Schultheiß Hoffmann dafelbft.
— Hofpred. Hohnbaum.
— Profeffor Hornfchich.
Demoif. Hühnin.
Herr Sekret. Kranfeneck.
— Kammerkanzlift Kühles.
— Rentfekret. Kühlow.
— Geh. Kanzlift Kummerth.
— Profeffor Lachmann.
— Küchenmeifter Lange.
— Steuerfekret. Layr.
— Pred. Link in Großheirath.
— Kaufm. Lindenlaub.
— Löbnert zu Unterländer.
— Kanzlift Lucius.
— Hofagent Mayer.
— Mecktold.
— Profeffor Meermann.
— Diak. Mothfchilder.
— Senat. Müller.
— Stallmeifter Müller.
— Diak. Münnig.
— Reg. Kanzlift Neumann.
— Büchfenfpanner Obenauf.
— Hofinrendant Oppel.
— Pfarrer Otto zu Tofsfeld.
— Hofgarn Prätorius.
— Superintendent Reinhard.
— Schulkollege Reppert.
— Senator Römhild.
— Hofpred. Saalmüller.
— Regiftr. Schamel.
— Rath Schamel.
— Maj. von Schauroth.
Demoif. Scherlizki.
Herr Archidiak. Scherzer.
Hofdame Charlotte von Schlammersdorff.
— — Eleonore von Schlammersdorff.
Herr Profeffor Schlevoigt.
— Amtm. Schmidt.
— Burgem. Schmidt.
— Amtskaftner Schmidt in Rodach.
— Kr. R. Schmurzer.
— Rath Schnetter.
— Kaufm. Schöner.
— Hofkommiff. Schubarth.
— Chph. Schubarth.
Die Schule in Koburg. 4 Rthlr.

57

Die Schulen im Koburgfchen Lande. 12 Rthlr.
Herr Oberförfter Sembach.
— Sommer.
— Otto Steinach.
— Kanzlift Steiner.
— Landkammerr. Strickmar.
— Rath Stockmar.
— Geh. R. v. Stockmeier. 3 Rtl.
Frau Geh. R. v. Stockmeier. 2 Rtl.
Herr Senator Stöffel.
— Rentfekret. Strebel.
— Hofkirchner Tittel.
— Dokt. Trufchler.
— Senator Truckenbrod zu Schaldau.
— R. Urz.
— Hofmarfchall von Wangenheim. 2 Rthlr.
— Kammerh. Major von Wismer. 2 Rthlr.
Demoif. Weidmann.
— — Weidmann.
Herr Kammerkanzlift Wölfel.

Köein. 7 Rthlr. 6 Gr.
Herr Kommiffionsrath Detius zu Rheinberg.
— Geh. Rath v. Dohm. 1 Frd.
— Sekret. Käfter.

Königsberg in Preußen. 263 Rthlr.
Herr Konfift. R. Anders.
— Pfarrer Andrel.
— Regier. Regiftr. Ancillon.
Frau von Auerswald geb. Gräfin von Dohna Lauk.
Herr Stadtrath Bertram.
Demoif. Braun.
Herr Infp. Dunker. 205 Rthlr.
— Kandidat Engewald.
— Stadtger. Verwandter Falk.
— Etatsminifter Graf von Finkenftein Etc.
— Kriegesr. Fifcher.
— Gerichts Affeffor Pochergill. 2 Rthlr.
— Maj. von Frankenberg.
— Provinc. Einnehmer Fritfch.
— Kaufm. Haaker.
— Direct. Hagen. 3 Rthlr.
— Kaufm. Hein.
— Kirchenr. Hennig * (Bef.)

Herr

Herr Feldprediger Herold. (Bef.)
        2 Rthlr.
— Ger. Assessor Höpfner.
— Assessor Hoppe.
— Inspektor Janson. 3 Rthlr.
— Ger. Assessor Johansen.
— J. C. K.
— Kaufm. Kinzorra.
— Justizkommiss. Klinger.
— Negot. Knisch.
— Ger. Assessor Krauss.
— Kriminalr. Lübeck.
— Garnisonprediger Meier.
— Hofrath Metzger.
— Kaufmann Morzfeld.
— Archidiak. Nicolai.
— J. B. P.
— Kaufm. Pörschke.
— Ingen. Kapit. Rauch.
— Kaufm. Rotgs. 2 Rthlr.
— Hauptm. v. Scharden. 2 Rtl.
— Kr. Rath Schleemüller.
Frau Gräfin von Schwerin geb.
    Baron. von Ammon.
Harr Kondit. Treiche.
— Prediger Tydäus in Germau.
Frau J. S. W.
Harr Studios. Medic. Weiss.
— Stadtger. Akt. Wendel.
Ein Ungenannter. 3 Rthlr.
Zwei Ungenannte. 2 Rthlr.

KÖPENICK. 12 Rthlr.

Herr Hofrath von Cardinal.
— Zollinsp. Crayen.
— Hauptm. v. Düringshofen.
— Hauptm. v. Frankenberg.
Frau Landjägerm. Herrmannes.
Herr Prediger Kröchel.
— Pred. und Rekt. Lorenz.
Frau Oberpred. Schmidt.
Herr Hofrath Schneiden.
— Holpred. Simon.
— Oberburgem. Thürnagel.
— Postm. Ungnad.

KOSEL. 2 Rthlr.

Herr Kaufm. Senff. 2 Rthlr.

KOPENHAGEN. 192 Rthlr. 18 Gr.

Herr Professor Adler.
— — — Aasheim.
— Kapit. v. Abrahamson.
— Postsekret. Almer. 4 Rthlr.

Herr Gevollmächt. beim Postamt
    Amberg.
— Amberg auf Walkendorfs
    Collegium.
— Lieut. von Bassewitz.
— Königl. Konfessionar Bast-
    holm. 6 Rthlr.
— Buchhalter Bertelsen.
— Billeskow.
— Finanzsekret. Birk. 2 Rthlr.
— Kandidat Birk. 2 Rthlr.
— Dekan. Jens Block. 2 Rthl.
— Kammerj. v. Blücher. 3 Rthl.
— Kaiserl. Konsul Bozenhardt.
— Kammerh. v. Brackel. 5 Rtl
— Dokt. Brastrup. 2 Rthlr.
Madame Brastrup.
Herr Justizr. Brun 3 Frd. (Bef.)
— Preuss. Konsul Busky. 4 Rtl
— Sekret. Classen.
— Advok. Cold.
— Kanzleisekret. Dau.
— Professor Eggers.
Die Freimaurerloge Zorobabel
    zum Nordstern. 5 Rthlr.
— — — Friedrich z.
gekrönten Hofnung. 5 Rthl.
— — — Christian zum
    Palmbaum. 5 Rthlr.
Herr Mundschenk. Gross. 2 Rthl.
— Leibarzt Guldebrand. 5 Rtl
Kammerjungfer Harboe. 2 Rthlr.
Herr Schlossverw. Herz. 3 Rthlr.
— Lieut. Hofgaard.
— Gevollmächt. beim Kammer-
    Kollegium Holm.
— Kammerlakai Holm.
— Geh. Rath Holmskiold Exc.
        12 Rthlr.
— Konfer. R. Jacobi. 5 Rthlr.
Kammerfrau Jacobi. 3 Rthlr.
Fräulein Jessen. 2 Rthlr.
Herr Bibliothekar Jessen. 3 Rthl.
— Lieut. Tycho Jessen. 2 Rthl.
Kammerjungfer Kaiser. 2 Rthlr.
Herr Hofmeister Kicerolf.
— Hofkonditor Krainer. 2 Rtl.
— Advokat Lange.
— Kammerh. v. Lindenkrone.
        4 Rthlr.
Herr Kammerjunker C. von der
    Lyhe. 3 Rthlr.
— Justizr. Jver Malling.

Herr Hofbuchdrucker Möller.
— Geh. Konf. Rath Graf von
    Moltke Exc. 6 Rthlr.
— Kammerherr Moth. 2 Rthl.
— Kupferstecher C. F. Müller.
        5 Rthlr.
— Prediger Munthe.
— Kopist Munthe.
— Studios. Munthe.
— Hoffour. Patholm. 2 Rthlr.
— D. Ranöe.
— Litterat. Rahbeck.
— Kapit. Risbrich.
— Kön. Preuss. Gesandte Graf
    von Rohde. 3 Rthlr.
— Litterat. Samsöe.
— Chirurgus Schmidt.
— Buchhalter Severin.
Demois. Sprein. 2 Rthlr.
Herr Hofschr. Sprein. 4 Rthlr.
Hofdame Fr. Staffeld. 3 Rthlr.
Herr Ftats R. Trant. 3 Rthlr.
— Propst Tybring.
— Gen. Maj. v. Wackenitz.
— Studios. Wederkink.
— K. Pr. Legat. Sek. Weguelin.
        (Bef.) 2 Rthlr.
— Hofchirurgus Wilbrecht.
— Korrespondent Wille.
Frau Oberhofm. Gr. Holk Win-
    terfeld. 6 Rthlr.
Hofs. Gr. Holk Winterfeld. 4 Rtl.
Herr Silberschließer Withusen.
— Reg. Quartierm. Wolquarz.
— Küchenmeister Wulf. 2 Rtl.
— Pharmaceut. Zoelke.

KOSEL. 2 Rthlr.

Herr Landrath von Schipp.
Frau Accise und Zolleinnehmerin
    Tiedemann.

KOTTBUSS. 1 Rthlr.

Herr Inspekt. Schmidt.

KRAPUSEVRE. 3 Rthlr.

Herr Steuereinnehmer Glaser.
— Oberamtm. Scupin. 2 Rthl.

KROSSEN an der Elster. 3 Rthlr.

Herr Major von Marschal.
Frau Maj. von Marschal.
Verwittwete Frau von Marschal,
    geb. von Kain.

Kros-

Knorre in der Neumark.
31 Rthlr. 6 Gr.
Herr von Burgsdorf auf Ziehingen. 1 Frd.
— Graf von Finkenstein auf Trebichow. 20 Rthlr.
— Propst Koch. (Def.)
3 Ungenannte. 5 Rthlr.

Kulm. 64 Rthlr.
Der Bischof Herr Graf von Hohenzollern. *
Die Katholische Geistlichkeit zu Kulm, Marienburg, und Posen. 53 Rthlr.

Kraitz. 6 Rthlr.
Herr Lieut. von Arnstedt.
— Rittmeister von Criwitz.
— Obrist von Golzen.
— Rittm. von Heydebrand.
— Reg. Quartiermt. Hollmann.
— Lieut. von Winzingerode.

Landshut in Schlesien.
5 Rthr. 6 Gr.
Herr Kaufm. Endell. 1 Frd.

Lyck. 12 Rthlr.
Herr Kaufm. R. d. Bruin.
— Justizrath Müller.
— Ausk. Noeft.
— Geh. Kr. R. von Rheden.
— Kandid. jur. Köfing.
— Domänenrath Schelten.
— Schelten.
— Justiz. Kommiss. Sürhoff.
— — — Sweers.
— Zolleinnehmer Sweers.
— Assessor Tjaden.
— Dokt. Wegers.

Leverpool. 393 Rthlr.
Herr Achton Esq. 5 Guineen.
— John Backhouse. ½ Güine.
— Ths Banner.
— Miles Barton in Ormskirk.
— Rev. Mr. Barton.
— E. Bindernagel
— John Blackburne Esq. 5 G.
— Achton Blackburne. 1 Guin.
— W. Br. Blech.
— J. Blundel Esq. 1 Guin.
— M. C. Booth. 1 Guin.

Herr Th. Booth. ½ Guin.
— Breege.
— J. Brooks Esq.
— C. Caldwel Esq. 1 Guin.
— W. Clarke Esq. ½ Guin.
— Sam. Colquie. ½ Guin.
— Th. Dawson. ½ Guin.
— Gge. Dunbar. Esq. ½ Guin.
— Rev. Mr. Fink.
— Peter Freeland. ½ Guin.
— W. Fountains. ½ Guin.
— Gilbert. Esq. ½ Guin.
— Thom. Gilbert. 5 Guin.
— John Greewood. ½ Guin.
— H. Hamer. ½ Guin.
— G. L. Hansen * (Def.)
— H. Hargreaves.
— Richd. Haywood Esq. ½ G.
— John Fr. Helms. ½ Guin.
— Fr. Hippins & Laycok. 1 G.
— Th. Hodgson Esq. 1 Guin.
— Pili Hope.
— Elias & Sam. Joseph.
— W * Kendal. ½ Guin.
— Richard Kent. Esq. 5 Guin.
— Thom. Manly. ½ Guin.
— Henry Midgley. ½ Guin.
— H. E. Migault. 3 Rthlr.
— J. N. Moorland.
— Jn. Myers. 1 Guin.
— R. Myers.
— Preuss. Konsul Nils Nissen Esq. 20½ Rthlr.
— Arthur Onslow. ½ Guin.
— Okulist Pellier, von Berlin, auf Reisen. ½ Guin.
— John Pilkington.
— Jos. Reasen.
— Richard & Matthiesen. 20 R.
— C. Rigby. ½ Guin.
— James Roberts. 1 Guin.
— Jos. Rose. ½ Guin.
— Dan. Ruete.
— Edward Seamer.
— Robert Scott Esq. ½ Guin.
— Sleter Esq. 1 Guin.
— Ths Stamforth Esq. 6½ Rtl.
— John Terry. ½ Guin.
— Joh. Tielke.
— B. P. Wagener. ½ Guin.
— Ths Warlon.
— J. H. G. Weiss.
  Demoiss. s. F. Weiss. ½ Guin.
Herr T. Wurt.

Herr A. F. Wiggers.
— Reyd. Mr. T. Wilson. ½ G.
— Wilson & Carr. ½ Guin.
Kön. Dän. Konsul, Herr H. Zink. Esq. 1 Guin.

Leiningen. 155 Rthlr.
J. F. D. die regierende Fürstin von Leiningin, geb. Gräf. v. Solms. 600 Pr. Livr.

Leipzig. 55 Rthlr. 12 Gr.
Herr Professor Eck, (Def.)
Kaufm. Ch. Groß. 3 Rthlr.
Die Freym. Loge. 10 Frd.

Leobschütz. 51 Rthlr. 8 Gr.
Herr Kooperat. Alker zu Kreuzdorff.
— Pfarrer Alker zu deutsch Kravarn.
— Direkt. Beck. 2 Rthlr.
— Vikar. Bernard zu Badiz.
— Kooperat Fabian z. Katscher.
— Pfarrer Fabig zu Badiz.
— Kooperat. Fuchs zu Badiz.
— Pfar. Glatzel zu Zauditz.
— — Grötschel zu Oderfch.
— — Haan zu Pommerswitz.
— — Handschuch zu Kreuzdorff.
Die Gräfin Karol. von Haugwitz zu Geppersdorff.
— — Ther. v. Haugwitz das.
Herr Kammerherr und Landrath von Haugwitz. (Def.)
— Pfar. Hausladen z Gröbnick.
— Kooperat. Heinz Kranowitz.
— Pfar. Heinrich zu Leisnitz.
— Kaplan Heißler zu Katscher.
— Vikar. Himmel zu Posnitz.
— Administr. Jachnick z. Schüllersdorff.
— Pfar. Janotha zu Benefchau.
— — Januscheck z. Köberwitz.
— Dechant Koller z. Krannwitz.
— Ob. Insp. Köttig z. Nafsidel.
— Pfar. Kowaleck zu Pysche.
— — Krenfer z. gr. Hofchüz.
— Kooperat. Lehnert z. Bladen.
— Pfar. Leib zu Bleischwitz.
— Ger. Schulze Merta zu Zillchowiz.
— Kooper. Moosler zu Zauditz.
Herr

Herr Pfar. Nowack zu Hatfch.
— Adminiftr. Osmanczyk zu Bolatiz.
— Kooperat. Popp z. Piltfch.
— Pfar. Proske z. d. Neukirch.
— — Rhabach zu Bauerwiz.
— Urb. Kommiff. Rösler.
— Vikar. Rohowski zu Hochkretfchain.
— Pfar. Schallmeyer zu Hultfchin.
— Erspr. von Schimonski.
— Pfar. Schindler zu Sabfchüz.
Fr. Gräf. Elif. von Sedlnizki, geb. Gr. v. Neuhaufs z. Nasfidel.
— — Jofepha von Sedlnizki, geb. Gr. v. Haugwitz z. Geppersdorff.
Herr Gr. v. Sedlnizki daf.
— Ger.SchulzeThiele z. Jernau.
— Pfar. Ulrich zu Bladen.
— — Werner zu Pilefch.
— — Wirth zu Zauchwiz.
— Dechant Wloka z. Katfcher.
— Ger. Schulze Zwirzina zu Eiglau.

LISCHITZ. 6 Rthlr. 6 Gr.

Herr Hof. R. und Stiftsverwalter Müller. 1 Frdd.
— Profeffor Schummel.

LINDAU. 2 Rthlr.

Stiftsfräulein von Jrwing.
— — von Schönholz.

LIPPSTADT. 5 Rthlr. 6 Gr,

Frau Juft. R. Brinkmann. 1 Frd.

LONDON. 15 Rthl. 20 Gr.

Herr Lunardi Esq. erfter Aeronaut, Neapolit. Gefandtfch. Sekret. und Lieut. der Engl. Artillerie. 1 Guin.
— John William Paul. 6 Rthlr.
— C. S. Schnackenberg.
Die Gefchwifter A. W. und L. Schnackenberg.
Herr Kaufm. Rondeau & Stevens.

LUDWIGSLUST. 36 Rthl. 12 Gr.

J. K. H. Erbpr. F. und S. F. 2 Frd.
Herr Kandid. Beliz. * (Bef.)
— S. B. 2 Rthlr.

Herr H. K.
— F. L. 4 Rthlr.
— Obr. Lieuten. von Lützow. 2 Rthlr.
— Hofdiak.Paffow.
— Prinz. Inftrukt. Paffow. * (Bef.)
— Amtm. Päpke auf Quaffel. *
— C. S. 4 Rthlr.
— U. S. 4 Rthlr.
Ein Ungenannter. 2 Rthlr.

LÜNEBURG. 2 Rthlr.

Herr Pächter Klunker.
— W. Scalla.

LÜBECK. 12 Rthlr.

Herr Kaufm. Biefter. (Bef.) 2 Rtl.
— — Dirks. 2 Rthlr.
—· Prediger Hake.
— Prokurat. Overbek. 2 Rthl.
Madame Pauli.
— B. S.
Herr Superintendent Schinmeier.
— Chirurg. Weftmann. 2 Rthl.

MADRIT. 5 Rthlr. 6 Gr.

Der Kurflächfifche Gefandte Herr Graf von Röder. 1 Frdd.

MAGDEBURG. 43 Rthlr. 15 G.

Herr Domherr von Alvensleben in Erxleben.
— Hauptm. von Blomberg.
— Infp. Carftedt zu Azendorff.
— Graf von Dohna.
— Fähndr. von Fallois.
— Amtm. Freytag zu Krackau.
— Paftor Freyrag zu Förderftädt. * (Bef.)
— Regim. Quartierm. Gerken.
— Hofrath Guifchard.
— PaftorHartung zu Schieptig.
— Amtmann Holzmann zu Merwitz.
— Prediger Meinicke zu Germersleben. 1 Frdd.
— Obr. von Meufel.
— G. L. Milde.
— Kanonik. Müller.
— Ober. Amtm. Nordmann zu Neugatterrsleben.
— Ober. Audit. Nordmann.
— Poftdirekt. Pauli.

Herr Paftor Pfannenfchmidt zu Brumby.
— Affift. R. Philippi.
— Abt Refewitz. 2 Rthlr.
— Hauptm. Richter.
— Dokt. Rüdiger.
— Ob. Kaufm. Rudolph.
— Reg. R. Rudolphi.
— Ob. Einnehmer Schäffer.
— Dom. Syndikus Schmidt.
— Oberfiskal Segebarth.
— Dom Vikar. Sievers.
— Juft. Amtm. Stambke.
— Hofr. Tismar. * (Bef.)
— Fabrik. Weber.
— Gaftwirth Woede.
— Domherr von Wulffen.
3 Ungenannte jeder 2 Rthlr.
1 Ungenannter.

MANSFELD. 4 Rthlr.

Herr Infp. Heller.
— Juft. Kommiff. R. Piedfch.
— Juft. Kommiff. Stelzer.
— Kr. R. Stelzer.

MARBURG. 2 Rthlr. 12 Gr.

Herr Juft. R. v. Efchftruth.
Frau Hauptm. Vogt.

MARIENBURG. 25 Rthlr.

Herr v. B. zu W. 6 Rthlr.
— v. B. zu H. 6 Rthlr.
Die Freim. Loge. 12 Rthlr.
Herr Audit. Günther. (Bef.)

MARIENWERDER. 111 Rthlr.

Herr Infp. Bohrick zu Neureich, für fich und die Lutherifche Geiftl. feiner Infp. 9 Rthlr.
— Reg. R. Finke. 3 Rthlr.
— Gen. Maj. von Gruczinski. 3 Rthlr.
— Affift. R. Hallensleben. 3 R.
— Burgem. Horn.
— Reg. Auskult. v. Kallenbach.
Die Räthe der Königl. Kr. und Dom. Kammer. 12 Dukat.
Frau Obr. Lieut. v. Kleift. 3 Rtl.
Herr Reg. Sekret. Kök.
— — Lift.
— Reg. R. Meyer. * (Bef.)
— Archivar. Neuhauß.

Her

Herr Pred. Rohleder zu Märk.
  Friedland. 2 Rthlr.
— Reg. Sekret. Rutrig.
— Reg. R. Scheibler. 3 Rthlr.
— Direkt. Schermer. 2 Rthlr.
— Vice Präsident Freiherr von
  Schleinitz. *
— Präsid. v. Schmettau. 9 Rtl.
— Reg. R. von Schmiedeberg.
  3 Rthlr.
— Reg. Auskult. Schönborn.
  3 Rthlr.
— Assist. R. Schreiber. 3 Rthl.
— Krimin. R. Schreiber.
— Reg. Präsident Freiherr von
  Schröter. *
— Reg. Auskult. Wachhausen.
— Reg. R. v. Ziegenborn. 3 R.

Im MECKLENBURGISCHEN.
  11 Rthlr. 12 Gr.
Herr Tanzmeister Gosche.
Frau Landräthin v. Meklenburg
  auf Ziebühl. 1 Frdd.
Ein Ungenannter. 1 Frdd.

MEININGEN. 3 Rthlr.
Herr Geh. R. und Oberhofmar.
  Freih. von Dürkheim Exc.

MEMMINGEN. 1 Rthlr.
Frau H. E. von Wachter.

MEWE. 14 Rthlr. 12 Gr.
Herr Hauptmann von Brünn.
— Obr. von Cruse. 2 Rthlr.
— Hauptm. von Knebel.
— — — von Köller.
— Gen. Maj. von Koschenbar.
  3 Rthlr.
— Amtm. Plöhn. *
— Justiz. Burgem. Schmidt. *
  (Beförderer.)
— Maj. von Weyer. 2 Rthl.

MITTAU. 36 Rthl.
Herr von Drachenfeld.
— Kapit. von Driesen. * (Bef.)
— — von Fink.
Frau Pastor. Gerrinski.
Herr Past. Hollenbagen z. Sessow.
— Landmarf. von Koschkuhll
  Exc. 4½ Rthlr.
Hofdame R. von Koschkuhll.
Herr Pharmaceut. Kummerau.

Herr Prof. Kürrner. * (Bef.)
— Haushofm. Meißner.
— von Offenberg auf Ilgen.
— Pastor Ruprecht auf Grau-
  hoff. 15 Rthlr.
— Just. R. von Vic.
— Amtsschr. Worms.
— Stadt Sekret. v. Ziegenborn.

MINDEN. 11 Rthlr.
Herr Postdir. Albrecht. 4 Rthly.
— Amtm. Brunne in Halle bei
  Bielefeld.
Demois. Elbers aus Hagen.
Herr Kommer. R. Harten.
— Postsekret. Kortenkamp.
  (Beförderer.)
Frau Kammerdirekt. Krusemark.
Herr Mauerm. Maining.
— Kr. R. Meyer.
Demois. M. C. Ch. Tieman.

MOSKAU. 1 Rthlr. 8 Gr.
Herr Hofrath Stritter.

MÜHLHAUSEN. 3 Rthlr.
Herr Rath Erdmann in Neuen-
  heiligen.
— Etzel
— Gütre.

MÜNCHEBERG. 10 Rthlr.
Herr Kämmerer Birnstiel.
— Insp. Freund. (Bef.)
— Apothek. Herrmann.
— Marschkommiss. Koch.
— Burgem. Krahmer. 2 Rtl.
— Prediger Krahmer in Obers-
  dorff.
— Pred. Leest in Jahnsfelde.
— Roland.
— Past. adjunct. Strigener in
  Buckow.

MUSKAU in der Niederlausitz.
  3 Rthlr.
Herr Reichsgraf von Callenberg.
  3 Rthlr.

NACHEL. 3 Rthlr.
Herr Accise Insp. Notz. 3 Rthlr

NAMSLAU. 1 Rthlr.
Herr Kreiskalkulat. Wurzel.

NAUEN. 14 Rthlr.
Herr Amtm. Baath.
— Maj. von Britzke.
— Hauptm. von Gelsdorff.
— Oberamtm. Gleim zu Berge.
  3 Rthlr.
— Fähndr. von Korf. -
— Lieut. von Lebbin.
— Insp. Salpius.
— Pred. Schüler in grofs Beh-
  nitz. 2 Rthlr.
— — Vogt zu Berge. (Bef.)
  3 Rthlr.

NEURURG. 1 Rthlr.
Herr Hofkammerr. Docker.

NEUDAMM in der Neumark.
  1 Rthlr.
Herr Hegemeister Zöllner.

NEUBRANDWASSER. 25 Rthlr.
Herr Bauinsp. Barnick. 3 Rthlr.
— Brose.
— Burghard.
— Kontroll. Dames. 2 Rthlr.
— — — Francillon.
— Lieut. von Humbracht.
— Kannengiefser.
— Gen. Thineh. Katsch. 2 Rtl.
Madame Kleist. 2 Rthlr.
Herr Kalkulat. Krüger.
— Kontroll. Lebius. 3 Rthlr.
— Insp. Mulbach.
— Rindfleisch. 2 Rthl.
— Hafenbaukond. Rommel.
— Obereinneh. Rose.
— Kalkulat. Siller.
— Kontroll. Zander.

NEUENHATEL. 3 Rthlr.
Herr Legationsrath Freiherr von
  Chambrier. 3 Rthlr.

NEUMARKT. 1 Rthlr.
Herr von Bibra auf Dürschwitz.

NEURODE. 1 Rthlr.
Herr Kaufm. Niefel.

NEUSTADT an der Dosse.
  3 Rthlr.
Herr Kr. R. Clausius. 3 Rthlr.

NIENBURG an der Wefer.
24 Rthlr.

Herr Hauptm. Blume.
— — — von Dinklage.
— Gen. Maj. Friedrichs.
— Fähndr. Friedrichs.
— Hauptm. Gull.
— Obr. von Hugo.
— Hauptm. von Hugo.
— Maj. von Iffendorff.
— Obr. v. Malortie. (*Bef.*)
— Hauptm. von Mühlenfeldt.
Frau Majorin von Strahlendorff.
Herr Gen. Maj. von Sydow.
— Droft von Uslar.
— Hauptm. von Walthausen.

NORDEN. 8 Rthlr.

Herr Stadtgerichtsfekr. Franzius.
— Juft. Burgem. Hoppe.
— J.
— R.
— Kaufm. Smeermann.
— Juft. Kommiff. Uven.

NÜRNBERG. 11 Rthlr.

Herr Kaufm. Roscher. 2 Rthlr.
— Konrekt. Sattler. (*Bef.*)
— Dokt. Wirtwer. 1 Frdd.
Ein Ungenannter. 2 Rthlr. 18 Gr.

OELS. 4 Rthlr.

Herr Konrekt. Hübner.
— Paftor Melchor in Woitsdorff.
Ein Ungenannter. 2 Rthlr.

KLOSTER OLIVA. 2 Rthlr.

Herr Kr. Kommiff. Krauth. 2 Rtl.

OSTERBURG. 2 Rthlr. 8 Gr.

Herr Prediger Ohm zu Gr. Ballerftädt. 2 Rthlr. 8 Gr.

OSTERODE. 1 Rthlr.

Herr Berghandlungsfaktor Domeral.

In OSTFRIESLAND. 6 Rthlr.

Herr Ammann von Halem zu Dornum.
— Pred. Hoppe zu Victorbuhr.
— Kammerherr Gr. v. Wedel zu Evenburg.

Herr Kammerherr Gr. Erb. von Wedel dafelbft.
— Gr. Clem. v. Wedel zu Philipshagen.
Frau Gräfin v. Wedel, geb. von Gaudi, dafelbft.

PAPPENHEIM. 2 Rthlr.

Herr Rath Cobelt.
— Hofrath Müller.

PARIS. 6 Rthlr. 8 Gr.

Herr von Grimm. 1 Karolin.

PIRLEBERG. 4 Rthlr.

Herr Juftheakt. Gutike. (*Bef.*)
— Kaufm. Mertens.
Chanoineffe von Puttlitz zu Stepenitz.
Frau Majorin von Wartenberg.

PETERSBURG. 83 Rthlr.

Herr Hofrath Arendt.
— Chirur Agthe.
— H. L. C. Backmeifter.
Frau Affeff. Backmeifter.
Herr Hauptm. von Barnek.
— Hofr. Baumgardt. 2½ Rubel.
— Maj. Blankenngel.
— Kaufm. Budde.
— Kapit. von Bülow.
— Freih. v. Demidow. 25 Rub.
— Gärtner Durofly.
— Akadem. Sekret. Euler. *
  (*Bef. redener.*)
Frau Baron. v. Friedrichs. 3 Rub.
Herr Profeffor Georgy.
Paft. Grote. 2 Rubel.
Demoif. Grot.
Herr C. Chn. Grot.
— J. G. Hendes.
— C. G. Hendes.
— Kaufm. Koelmann.
— Sekret. Kühl.
— Kaufm. Maafs.
Demoif. Molwo.
Herr Joh. Molwo.
— Jak. Molwo.
— Rittm. von Negelein.
— G. W. Nohring.
— Hofmaler Pfangelt.
— Kammeranuf. Rab.
— Frau R. Baron v. Reichel.
— Paftor Reinhold.

Herr Garde Cornet von Rokoffowski.
— Kapit. von Rofenberg.
— Dokt. Scardowy.
— Gärtner Schramm.
— Buchdrucker Schnorr.* (*B.*)
— Alex. Schnorr.
— J. F. Schnorr.
— J. H. Schnorr.
— J. K. Schnorr.
— Konfulent Srenske.
— Mufiklehrer Stici.
— Hofrath Strenge.
— Kammermufik. Tewes.
— Kaufm. Wehrmann.
— Paftor Wolff. 2½ Rubel.
— Kadettenlehrer Wurft.
— Medailleur Zöllner.

PETERSHAGEN. 2 Rthlr.

Herr Kammerpräfident v. Beffel.
— Konfift. Rath und Superint. Weftermann.

In POMMERN. 96 Rthlr. 18 Gr.

Herr Arrend. Bahlke zu Teezleben. 2 Rthlr.
— Reg. Rath Bandel, damals zu Clempnow. * (*Bef.*)
— von Behr Negendank, zu Semlow in Schw. Pom.
— von Enkevorth auf Vogelfang.
— Arrend. Ewert zu Wildburg. 2 Rthlr.
— Ob. Amtm. Fetter zu Amt Treptow. 2 Rthlr.
Frau Kr. R. Fleifchmann zu Amt Verchen. 2 Frdd.
Herr Kandidat Fleifchmann daf. 2 Rthlr.
— Ob. Amtm. Fleifchmann daf. 2 Rthlr.
Frau von Flemming, geb. von Zaftrow.
Herr Juftiz Amtmann Frank zu Clempnow.
Frau Ob. Kammerherrin v. Fraukenberg.
Herr Hauptm. v. Frankenberg.
Frau Hauptman. von Gadow auf Hugelsd. in Schwed. Pom.
½ Frdd.
Herr

Herr von Glöden zu Kletzin. ½ Frdd.
— Kr. Rath Henrici auf Heinrichsruhe. 2 Rthlr.
— Hauptmann von Heyden auf Kartlow und Tröpau. 2 Frd.
— Pred. Hinze zu Schmarsow.
— Amtm. Junghendel zu Amt Verchen.
— Insp. Kypke zu Schönwalde.
— Prediger Küster zu Neuendorff. *
— Amtm. Lemk zu Lindenberg.
— Förster Liebach zu Wolkow.
— von Meyenn auf Wodarg. 2 Rthlr.
— Förster Meyer zu Golchen.
— Amtm. Müller zu Welzin.
— Aktuarius Nonnemann zu Verchen.
— von Parsenow auf Molchin in Schw. Pom. 3 Rthlr.
— Hauptm. von Podewils auf Vorwerk.
— Amtm. Prieß zu Burow.
— Pred. Ritter zu Drechow in Schw. Pom.
— Pred. Rosenow zu Wildberg.
— Amtm. Siebmann x. Schwichtenberg. 2 Rthlr.
— Graf von Schwerin auf Schwerinsburg. 2 Frdd.
— Kr. Rath von Schwerin auf Rheberg.
— Landr. Freih. v. Steinaecker auf Rosenfeld.
— Arendat. Stropp zu Selz.
— Pred. Thilow, zu Clazow.
— — Thilow zu Gülz.
Frau Gräfin von Wartensleben, geb. von Pirch.
Ein Ungenannter. 2 Rthlr.
Noch ein Ungenannter.

POSEN. 30 Rthlr.
Die Freim. Loge die Schule der Weisheit. 30 Rthlr.
Herr Buchhändler Brun. (Bef.)

POTSDAM. 34 Rthlr. 6 Gr.
Herr Hofpred. Bamberger.
— Kammermusik. Benda.
— Demois. Bock.

Herr Hofpostsekr. Emming.
— Feldpr. Kletschke. * (Bef.)
— Kapit. v. Maffenbach. 3 Rtl.
— Postsekr. Schlinke.
— Obr. u. Landjägerm. Freih. von Stein. 3 Rthlr.
— Wurm aus Berlin.
2 Ungenannte jeder 1 Frdd.
1 — — 3 Rthlr.
6 Ungenannte Offiziere. 6 Rthlr.
Noch ein Ungenannter.

PRAG. 1 Rthlr.
Herr Professor Meißner.

PRENZLAU. 17 Rthlr. 6 Gr.
Herr Insp. Colberg.
— Kandid. Freischmidt.
— Regim. Quartierm. Jahn.
— Hauptm. von Lediwary.
— — — Gr. von Sparr.
— H. A. E. von Tettau.
Frau von Wedel, geb. von Winterfeld.
Herr Hauptmann von Winterfeld auf Nieden. 2 Rthlr. (Bef.)
— Hpt. G. F. W. v. Winterfeld.
— Ritterschaftsd. v. Winterfeld.
Ein Ungenannter. 1 Frdd.
Noch ein Ungenannter.

In PREUSSEN. 15 Rthlr.
Herr Hofger. Assessor von der Apellen. 2 Rthlr.
— von Auerswald auf Faulen. (Beförd.)
— Kornet von Beckignol Reg. von Usedom.
— Pfarrer Diesler zu Landehmen.
Gräfin Amalia zu Dohna Lauk.
— zu Dohna Sassen.
Graf zu Dohna Schlodien.
Gräfin Karolina zu Dohna Schlodien.
Herr Ger. Schreib. Peter in Rosenberg.
— von Schack auf Nipkau.
— Rittmeister von Schimmelpfenning.
— von Wallenrod auf Heinrichau.
Ein Ungenannter. 2 Rthlr.

PROSIKAU. 1 Rthlr.
Herr Oberinsp. Leopold.

PUTLITZ. 1 Rthlr.
Herr Insp. Wartenberg.

QUEDLINBURG. 1 Rthlr.
Herr Hauptmann von Bülzingslöwen.

RACHIT. 1 Rthlr.
Herr Pfarrer Krüger.

RATENAU. 2 Rthlr.
Herr Gen. Maj. von Reppert.
— Hofrath Arends.

RATZEBURG. 3 Rthlr.
Die Lesegesellschaft daselbst.
Herr Pred. Langreuter. (Bef.)
— Kandid. Oetting.
— Fähndrich von Pape.

REETZ. 3 Rthlr.
Herr R. und Z. 3 Rthlr.

REICHENBACH im Voigtland. 1 Rthlr.
Herr Pfarrer Strauß.

RHINSTEIN. 1 Rthlr. 8 Gr.
Herr Kämmerer Krüger.

RIGA. 3 Rthlr.
Herr Dompred. Schlegel. 3 Rtl.

RIESENBURG. 7 Rthlr.
Herr Lieut. v. Maufchwitz.
— Lieut. von Thermo. 3 Rthl.
— Feldpr. Zitterland. (Bef.)
— Fähndrich von Zitzewitz. 3 Rthlr.

RODACH. 2 Rthlr.
Herr Superintend. Köcher.
Die Schule daselbst.

ROSTOCK. 1 Rthlr.
Herr Kommiss. Sekret. Lüders.

RUDOLSTADT. 5 Rthlr. 6 Gr.
S. D. der regierende FÜRST VON SCHWARZBURG RUDOLSTADT. 1 Fr.

Regenwalde. 3 Rthlr.
Herr Amtsrath Göden. 3 Rthlr.
Ruppin. 54 Rthlr.
Herr v. Bredow zu Wulkow.
— Maj. von Bremer.
— Maj. v. Calbow auf Wulkow.
Frau Kämmerern Ebel.
Herr Hauptmann von Glöden.
 1 Frdd.
Frau von Guericke auf Staake.
Herr Obr. v. Günther. 10 Rthlr.
— Rittm. v. Guhlen auf Ganz.
Das Stift Heiligengrabe. 5 Rthlr.
Herr Insp. Hünefeld.
— Landrath von Karstädt auf Kaltenhoff.
— von Karstädt auf Freetzdorff.
— von Kröcher auf Buschow.
— Justizr. Nöldechen. * (*Bef.*)
— von Ruhle auf Königsberg.
Frau von Saldern auf Pleutzenberg. 2 Frdd.
— Maj. von Seelen auf Wulkow. 3 Rthlr.
Herr Ober Förster Wegener zu Grimnitz. 1 Frdd.
— Apotheker Werlisch.
2 Ungenannte.

Sachsa. 4 Rthlr.
Herr Stadtschuldheiss Mehler.
— Kämmerer Meyrick.
— Just. Kommiss. Ringleb.
— Kaufm. Roloff.

Saltzwedel. 3 Rthlr.
Herr Gen. Maj. Graf von Kalkreuth. 3 Rthlr.

Samrotn in Ostpreussen. 6 Rthlr.
Ein Ungenannter durch den H. Pred. Holderegger 6 Rthl.

Scherrmöhl. 3 Rthlr.
Herr Kr. R. Weiss. 3 Rthlr.

Scheppenstaett. 1 Rthlr.
Herr Superint. von Hantelmann.

Schidlitz. 14 Rthlr.
Herr Lic. Direkt. Krüger. 3 Rthl.

Herr Maj. von Legat.
— — von Luck.
— Lieut. von Lützow.
— Kapit. Meissner.
— Obr. von Puch. 5 Rthlr.
— Lieut. Richarde.
— Obr. Lieut. von Taubadel.
In Schlesien. 29 Rthlr.
Herr Freih. v. Czettriz auf Berghoff. 20 Rthlr.
— Graf von Hochberg auf Fürstenstein. 3 Rthlr.
— Magist. Kapff.
— Pred. Klein zu Doinslau.
— Freih. v. Leitwitz in Ober Tschirna. 3 Rthlr.
— Rittmeister von Reichel auf Schlanz.

Schmiedeberg. 68 Rthlr. 12 Gr.
Herr Barchewitz. 3 Rthlr.
— A. G. Barchewitz. 2 Rthlr.
— Clausen. 10 Rthlr.
— E. G. Dove. 2 Rthlr.
— E. G. Exner. 2 Rthlr.
— J. G. Fitzer. 2 Rthlr.
— J. C. Günther. 2 Rthlr.
— J. Hasenklever. 6 Rthlr.
Frau Wittwe Hillmer. 2 Rthlr.
Herr S. B. Hillmer.
— C. G. Hoffmann. 2 Rthlr.
— G. K. 4 Rthlr.
— Langmayr. 6 Rthlr.
— B. Müller.
— J. C. Paul. 6 Rthlr.
— Forstinspekt. und Burgem. von Rühnel.
— Wäber. 6 Rthlr.
2 Ungenannte. 2 Frdd.

Schönau. 8 Rthlr.
Herr Prnkonf. Becker.
— Senat. Becker.
— Saltzinsp. Grauer. sen.
— — Grauer. jun.
— Erbschulze Krebs.
— Abbé Otto.
— Akciseeinnehmer Reuss.
— Pastor Thomas.

Schwedt. 42 Rthlr. 12 Gr.
S. K. H. Markgraf von Brandenburg Schwedt. 20 Rthl.

Hog. C. B. 1 Frdd.
Fräulein von Beeren.
Herr Hofjägerm. v. Düringhofen. 9 Rthlr.
— A. L. (*Bef.*) 2 Rthlr.
Frau Baron. v. S. 1 Frdd.

Schweidnitz. 18 Rthlr. 12 Gr.
Herr Kreiskalkulator Herrmann. 2 Rthlr.
— Graf von Pukler auf Schedlau. 1 Frdd.
— — von Sandraraki auf Buelau. 1 Frdd.
— — von Schack auf Schurgast. 3 Rthlr.
— Konsist. R. Tiede. 3 Rthlr.

Schwerin. 5 Rthlr. 6 Gr.
Frau Maj. Bader. ¼ Frdd.
— Hofräthin Becker. ¼ Frdd.

Seehausen. 6 Rthlr.
Herr Insp. Ressel. (*Bef.*)
— Hauptm. von Bünemann zu Nienfelde.
— Lieut. von Manstein.
— — von Plessen.
— — von Schwarzenau.
— — von Wedel.

Soest. 6 Rthlr.
Herr Buchbinder Balke.
— Obr. Lieuten. Freiherr von Klenk.
Frau Obr. Lieut. von Klenk.
Herr Just. Kommiss. Lenr.
— Krim. R. ter Linden.
— Pred. Sybel. (*Bef.*)

Soldau. 5 Rthlr. 6 Gr.
Herr Maj. von Szekeli. 1 Frdd.

Spandau. 1 Rthlr.
Herr Pred. Rohleder.

Spandau. 8 Rthlr. 4 Gr.
Herr Lieutenant Burggraf von Dohna.
— Diskon. Fiedler.
— Prediger Kriele.
Eine Lesegesellschaft. 3½ Rthlr.
Herr Kammer. R. Mäcker.
— Inspektor Schulze.

Spro—

65

Sprottau. 4 Rthlr.
Herr Postmeister Greck. 3 Rthl.
— Pastor Hoffmann.

Stargardt. 6 Rthlr.
Herr Profess. Belitz (*Bef.*)
— Hauptm. von Calbow.
— Pastor Engelke.
— Landrath Georgi.
— Hofprediger Hahn. (*Bef.*)
— Hauptm. von Quickmann.

Stassfurt. 1 Rthl.
Herr Amtm. Rudolph.

Stendal. 23 Rthlr.
Herr Lieuten. von Borstel.
— von Borstel auf Gr. Schwarzlosen.
— Rektor Brohm.
— Maj. von Burghagen.
— Kammerdirekt. Frh. v. Gayl.
— Kr. R. Jäschke.
— Assist. R. von Kameke.
— Aktuar. Kleyb.
— Kr. R. Lirzmann.
— Feldprediger Lüdeke. (*Bef.*)
— Assist. R. Molchau.
— Referend. Ockel sen.
— Senat. Oelze.
— Prediger Remy.
— Ob Ger. Präsid. von Rohr.
— Kaufm. Schadorff.
— Ob. Ger. R. Schulze.
— Pred. Stegemann.
— Referend. Stambke.
— Kr. R. von Sudhausen.
— Ob. Ger. R. Ursinus.
— Hauptm. von Werthern.
— Maj. von Wülkenitz.

Stettin. 108 Rthlr. 12 Gr.
D. Pr. F. K. H. *
Herr Reg. R. Albinus.
— J. R. B. 3 Rthlr.
— Assist. Ballhorn.
— Magister Bergemann. 1 Frd.
Frau Reg. R. v. Bismark. 4 Rtl.
Herr Reg. Referend. Bourwieg.
— Konsist. R. Brüggemann.
— Hauptm. von Carmer.

Die Freim. Loge zu den 3 goldnen Zirkeln. 50 Rthlr.
Herr G. C. F. 1 Frdd.
— Gen. Superint. Göring. * (*Bef.*)
— Gottschalk.
— Reg. R. Jordan.
— Propst Lenz.
— Hofapoth. Meyer. 2 Rthlr.
— Kr. R. Protzen.
Frau Gen. Lieut. von Puttkammer Exc.
Herr Hauptm. von Rennefeld.
— Reg. R. Röbe.
— D. S.
— Kr. R. Schönjahn. 3 Rthlr.
— Reg. Sekret. Schulze.
— — — Sprengel.
— Feldpr. Sprengel. (*Bef.*)
— Kaufm. Tielebein. 2 Rthlr.
— Obr. von Vittnghoff.
— C. R. W. 3 Rthlr.
— Kommerc. R. Witte. 3 Rtl.
— Kr. R. Zimmermann.
Verschiedene Ungenannte. 6 Rl.

Stockholm. 32 Rthlr. 6 Gr.
Herr Julius.
— Kremer.
— Dokt. und Pred. Lüdeke.
— Pomeresche. 1 Frdd.
Ein Ungenannter. 12 Rthlr.
Ein dergleichen. 6 Rthlr.
Eine Ungenannte. (*Bef.*) 6 Rthl.

Stolpe. 1 Rthlr.
Herr Hofpr. Crüger.

Stralsund. 8 Rthlr.
Herr Kaufm. A. D. Brandenburg.
— Advokat Fabricius.
— Landfyndik. Fabricius.
— Pred. Hillmers.
— Hofr. Pommeresche.
— Past. Schlomann.
— Camerar. Schlomann.
— Superint. Stannike.

Tangermünde. 2 Rthlr.
Herr Hofr. Herrn.
— Direkt. Kindervater.

Thorn. 11 Rthlr.
Herr Schöppe Becker.
— Rathsherr von Geret.
— Professor Germar. (*Bef.*)
— Kandid. Giering.
— Profess. Henning.
— Pred. Hevelke.
— Buchhalter Karkettel.
— — — Leszykowski.
— Kaufm. Marenski.
— Oberkämmerer Schult.
— Präsid. Wachschlager.
(*Beförderer.*)

Treptow an der Rega. 1 Rthlr.
Herr Pred. Wiel.

Treptow an der Tollense. 8 Rthlr.
Herr Bürgerm. Hasselbach. 2 Rd.
— Sekret. Hinsche.
— Kaufm. Keibel.
Frau Bürgerm. Müller. 2 Rthlr.
Herr Pred. Thieme.
— Apotheker Walter.

Ueckermünde. 4 Rthlr.
Herr Bürgermeister Berend.
— Propst Engelken.
— Bürgerm. Mahnkopff.
— Prediger Schorlinger.

Ulm. 3 Rthlr.
Herr J. A. M—ch. 3 Rthlr.

Walmenried. 1 Rthlr.
Herr Pred. Söllig zu Hohengeiß.

Waltershausen. 4 Rthlr. 16 Gr.
Herr Spiller von Mitterberg.
— Ingen. Kapit. Rauch.
— Kondit. Treiche.
— Stadt. Ger. Aktuar. Wendel.

Warschau. 18 Rthlr.
Herr Hofr. D. G. C. Arnold.
— Negoc. J. S. Giering. 9 Rd.
— — F. Haering.
— — J. Haering.

Herr

Herr Kadettenlehrer Kries.
— Negoc. Kuckler.
— — Liebelt.
— — Nofock.
— — Thörll.

WEIMAR. 24 Rthlr.

J. D. die Verwittwete FRAU HER-
ZOGIN. 3 Fidd.
Herr Legat. Rath Bertuch. 3 Rtl.
Herr Graf von Marfchal. (Bif.) 3 Rthlr.
2 Ungenannte. 2 Laubth.

WEISSENBURG im Nordgau.
2 Rthlr.

Herr Bürgerm. Freyer.
— Stadtpfarrer Pflaum.

WEISSENFELS. 6 Rthlr.

Fräulein von Rofen.
Herr Hauptm. von Plötz.
Frau Lieut. von Schönfeld.
Herr Hauptm. von Uechteritz.
(Beförderer).
Fräulein von Zweydorff.
Ein Ungenannter.

WERNIGERODE. 5 Rthlr. 6 Gr.
Eine hohe Ungenannte. 1 Frdd.

WETZLAR. 34 Rthlr.
Funfzehn Ungenannte.

WIEN. 33 Rthlr.

Herr Alxinger. (Bif.) 4 Fl.
Die Freimaurerloge tur wahren
Eintracht. 26 Fl.
Herr Hafchka.
— von der Null.
— Baron von Riedefel Königl.
Preufs. Gefandte. 3 Rthlr.

WILSTER. 1 Rthlr.

Herr Rekt. von Brinken.

WINDAU. 6 Rthlr.

Der K. Rufs. Konful Herr Beche-
rer. 3 Rthlr.
Herr C. F. Fifcher. 3 Rthlr.

WITTENBERG. 2 Rthlr.
Herr Profeff. Ebert.
— — Reinhard.

WÖRLITZ. 2 Rthlr.
Herr Propft Cöler.
— Hofkaplan Häfeli.

WOHLAU. 3 Rthlr.
Frau Amtsräthin Friedrich.
Herr Kr. Rath Müller.
— Stadtkommuff. Schmiewske.

WOLDENBERG. 2 Rthlr.
Herr Oberpred. Claufius.
Herr Maj. von Waldau.

WOLFENBÜTTEL. 17 Rthlr.
Herr Paftor Bleibtreu. (Bef.)
— Hofrath von Bluhm. 2 Rtl.
— General von Brandenftein.
— Hofrath Brandes.
— — von Bülow.
— — Cramer.
Demoif. G. B. Faber.
Herr Paftor Lüttich.
— Kollabor. Meyer.
— Hofrath von Meyern.
— Superint. Refs.
— Hofrath Schmidt.
— Kantor Stegemann.
— Sekret. Wackerhagen.
— Advok. Wäterling.
— Geheimer Juftizrath v. Wol-
tereck.

Im WÜRTEMBERGISCHEN.
60 Rthlr.
Verfchiedene Ungenannte durch
Herrn Kriegsrath Billfinger
in Berlin.

KÖNIGS WUSTERHAUSEN.
2 Rthlr.
Herr Juftiz. Ahlemann.
— Oberamtm. Müller.

ZERBNICK. 23 Rthlr. 12 Gr.
Herr Oberamtmann Luft. 2 Frd.
Demoif. Rauthea.

Fig. Kammerherrin v. Waldow.
11 Rthlr.
Herr Juftizakt. Willich.

ZEITZ. 7 Rthlr.

Herr Rath Ebel. 3 Rthlr.
— Schatafekret. Wieneke. 4 R.

ZELLERFELD. 1 Rthlr.

Herr Berghauptm. von Trebra.

ZERBST. 16 Rthlr.

Die Freimaurerloge Friedrich z.
Beftändigkeit. 15 Rthlr.
Herr Kaufmann Hünicke zu gr.
Mühlingen.

ZINNA. 16 Rthlr.

Herr J. C. Bange. *
Die drei Demiof. Bange. *
Herr Oberförfter Géné.
— C. F. Hanfen. *
— Michaelis.
— Paftor Straufs. *

ZÜLLICHAU. 125 Rthlr. 18 Gr.

Das Bäckergewerk. 2 Rthlr.
— Amt der Chirurgen. 2 Rthlr.
Herr Pred. Cratos.
— — Crone. 3 Rthlr.
— — Dreher zu Nickern.
3 Rthlr.
Frau von Dziembowska, geb.
Har. v. Kottwitz auf Kranz.
Das Fleifchhauergewerk. 3 Rthl.
Herr Buchhändler Frommann.
(Beförderer.) 2 Rthlr.
— Giebers. 2 Rthlr.
— Kaufm. Harlem. 2 Rthlr.
Die Harrerfche Handlung. 2 Frd.
Herr Prediger Hertel zu Hey-
nersdorff.
— Hauptmann von Holzenbe-
cher. *
— Färber Hübner. 2 Rthlr.
Fräulein Hel. von Haugwitz zu
Reichenau.
Herr Färber Jacobi. 1 Frd.
— Jakob Itzig. 2 Rthlr.
— D. T. K. gewef. Musket. des
Herz. Leopoldfch. Regimts.
Herr

Herr Pred. Kelbling zu Kay. }
Das Kürschnergewerk.
Herr Pred. Liers zu Padligar.
— Pred. Machatius zu Buckow.
Die Müllersche Handlung. 2 Frd.
Das Nadlergewerk. 2 Rthlr.
Herr Müllermeister Pelchen zu Golten.
— Syndik. Poffart. 1 Frd.
— Chu. Willh. Poffart. *
— Guft. Willh. Poffart. * (Bef.)
Frau Karolina geb. Poffart.
Herr Kämmerer Promnitz.
       2 Rthlr. 16 Gr.

Herr Konfift. R. Protzen. 1 Frd. (Beförderer.)
— Pred. Reimann zu Klemzig.
— Predig. Sachtleben.
— Jakob Salomon. 2 Rthlr.
— Predig. Schmidt zu Schmöllen.
Das Schneidergewerk. 2 Rthlr.
— Schubmachergewerk. 6 Rthlr.
Herr Zollverwalter Schulz.
— Prediger Student zu Schönborn.

Das Tischlergewerk.
— Töpfergewerk.
— Tuchmachergewerk. 10 Rthlr.
— Tuchscherergewerk. 4 Rtl.
Herr Doktor Ungnad. 2 Rthlr.
Frau von Unruh auf Bauchwitz. 3 Rthlr.
Das Züchnergewerk. 3 Rthlr.
Zwoll in Over-Yfel. 1 Rthlr.
Herr Ahasverus Doyer.

Allgemeine Berechnung.

Einnahmen.	Rthlr.	Gr.	Pf.
Ueberhaupt eingekommene Summe.	6824	18	-
An Agio auf Gold und andre Münzsorten noch gewonnen.	32	10	-
An Zinsen bis itzt gehoben.	109	13	-
Zusammen	6966	17	-

Bilanz.

	Rthlr.	Gr.	Pf.
Sämtliche Einnahme.	6966	17	-
Sämtliche Ausgabe.	959	14	6
Bleibt	5997	2	6

Ausgaben.	Rthlr.	Gr.	Pf.
Dem Schulhalter an der Garnisonschule, nach Ableben des STIFTERS, gezahlt.	68	-	-
Zur Feirung des ersten Festes, den 27. April 1786.	170	-	-
Zur bevorstehenden Feirung des zweiten Festes, den 27. April 1787, und Vorschuß des dann anzusetzenden zweiten Lehrers, hingesandt.	200	-	-
Für den Druck der Avertissementer, Briefporto, Verlust an leichtem Gelde, für Stempelbogen zu den Obligationen bei Belegung der Summen, Kopial- u. andre Schreibgebühren, u. s. w.	91	14	6
Zum Druck dieser Schrift, 12 Ballen grosses starkes Median Schreibpapier, zu 36 Rthlr. 16 Gr.	440	-	-
Zusammen	969	14	6

Es werden noch einige nicht unbeträchtliche Ausgaben vorfallen, bei der Verpackung und Versendung der Exemplare. Dagegen werden aber auch noch Zinsen gehoben, ehe das gesamte Kapital bei der Kurmärkischen Landschaft wird beleget werden. Itzt stehen 6000 Rthlr. auf folgende Art ausgethan:

1) Zu 5 pro Cent Zinsen, belegt den 17. Jul. 1786.   -   5500 Rthlr.
2) Zu 3 pro Cent Zinsen
   a) belegt den 22. August 1785.   -   -   300   -   -
   b)   -   den 1. Mai 1786.   -   -   100   -   -
   c)   -   den 6. November 1786.   -   -   100   -   -

Zusammen 6000 Rthlr.

Da die ganze übrigbleibende Summe (S. die vorige Seite) 5997 Rthlr. 2 Gr. 6 Pf. beträgt: so sind itzt 2 Rthlr. 21 Gr. 6 Pf. vorgeschossen. Dieser Vorschuß, und alle bei der Verpackung und Versendung noch nöthigen Ausgaben, werden hoffentlich von den bis zum Julius einkommenden Zinsen der nach obiger Angabe belegten 6000 Rthlr. können bestritten werden. Auf diese Art kann alsdann im Julius, wo die Kurmärkische Landschaft sich erklärt hat, das Kapital zu 5 pro Cent, und unablöslich, annehmen zu wollen, die reine Summe von Sechstausend Thalern belegt werden. Die Zinsen davon, bestehend in Dreihundert Thalern, sind also die Summe, welche, der Stiftung gemäß, jährlich zum Besten der Frankfurter Garnisonschule, und zum wohlthätigen Denkmale des Herzogs LEOPOLD, wird verwandt werden.

Sobald die Versendung der Exemplare dieser Druckschrift geschehen ist, wird die Berechnung der von itzt bis dahin bestrittenen Kosten dem Publikum in öffentlichen Blättern vorgelegt werden.

Zu Seite 36 §. 7 der Stiftungsurkunde ist noch anzumerken: daß jedes Kind zu seiner Kleidung auch Schnallen, und die Mädchen zu ihren Mützen auch Hauben und Kopfbinden erhalten.